Zidla Inkotha

Zidla Inkotha

Gugulethu Mazibuko
(Umhleli)

UNIVERSITY OF KwaZulu-Natal PRESS

Ishicilelwe ngonyaka we-2018 yiBhodi yoLimi yeNyuvesi yaKwaZulu-Natali
Private Bag X01
Scottsville 3209
South Africa
Email: books@ukznpress.ac.za
Website: www.ukznpress.co.za

ISBN: 978 186914 400 5
e-ISBN: 978 186914 401 2

Umhleli: Gugulethu Mazibuko
Umenzi wekhava: Fool Moon Design

Okuqukethwe

Isandulela

Kuyiqiniso elingephikiswe ukuthi ukushicilelwa kweqoqo elisha lezinkondlo kuletha enkulu intokozo kubantu abakuthakaselayo ukuzwa izimbongi zeneka imizwa yazo ngokubhala izinkondlo. Lokhu kudalwa ukuthi eqoqweni elinjengaleli umuntu uthola izinkondlo ezahlukahlukene ezinezindikimba ezehlukahlukene. Baningi abazolithakasela leli qoqo lezinkondlo. Okujabulisa kakhulu ukuthi leli qoqo lethula izimbongi eziqala ngqa ukubhala izinkondlo. Zikhona nezinye izimbongi esezike zagiya nangaphambili kepha lapha zibuye zagiya zaqephuza.

Kuyathokozisa kakhulu ukubona kwanda abantu besifazane kule ndima yezinkondlo ngoba ngaphambilini bekuvame ukuthi umunxa wezinkondlo ubonakale sengathi umunxa wabantu besilisa. Zikhona izinkondlo ezikuleli qoqo ezibhalwe yizimbongi zesifazane. Nangaphezu kwalokho leli qoqo linezinkondlo ezibhalwe yizimbongi ezingabantu abasha. Lokhu kukhombisile ukuthi nebala umthente uhlaba usamila.

Zidla Inkotha yiqoqo eliqukethe izinkondlo ezingamashumi amathathu ezibhalwe yizimbongi ezingamashumi amathathu. Isihloko saleli qoqo sikugqamisa ngokusobala ukuthi leli yiqoqo eligxile kakhulu ekuthuthukiseni nasekulondolozeni ulimi lwesiZulu. Leli qoqo lithinta izindikimba ezahlukahlukene ezifaka phakathi uthando; ezithinta imvelo nokubaluleka kwayo; eziphathelene nokufa; eziphathelene nezinkinga ezikhona emphakathini ezinjengezidakamizwa; kukhona ezithinta ezombusazwe; zikhona neziveza isithombe esigcwele ngokwenzeka ezikhungweni zemfundo ephakeme; kube yilezo ezigcizelela ukubaluleka kokubambelela kokwethu okungamagugu ikakhulu amasiko nolimi kanye neziqhakambisa iqhaza elabanjwa yizingqalabutho ezithile.

vii

Ngethemba ukuthi leli qoqo lezinkondlo lizothokozelwa bese lamukelwa njengomnikelo oqavile esivivaneni sezinkondlo zolimi lwesiZulu.

Amazwi Omhleli

Leli qoqo lezinkondlo lingumphumela womncintiswano wezinkondlo owawuhlelwe yiHhovisi leNyuvesi yakwaZulu-Natali Lokuhlelwa Nokuthuthukiswa Kolimi (ULPDO) eliphethwe uDokotela uLanga Khumalo, elivulele ababhali besiZulu ithuba lomncintiswano wokubhalwa kwezinkondlo. Lo mncintiswano uvulele ithuba ababhali abasafufusa kanye nalabo asebeke babhala kwaze kwashicilelwa imisebenzi yabo ngaphambilini ukuba baphose itshe esivivaneni kuleli qoqo, bekhipha lokho okuwumsoco wolimi. Ngifisa ukuba ngilichome uphaphe lwegwalagwala iHhovisi Lokuhlelwa Nokuthuthukiswa Kolimi ngokunikeza ababhali leli thuba eliyingqayizivele lokuba beneke imizwa yabo ngokubhala izinkondlo ezihlabahlosile. Lezi zinkondlo zixube izindikimba ezahlukene nakuba kwande kakhulu lezo eziqhakambisa ulimi lwesiZulu. Baningi ababhali ababambe iqhaza kulo mncintiswano kepha nakuba ibimihle imingenelo yabo, iqiniso lithi ingwe idla ngamabala. Laba abangamashumi amathathu onkondlo zabo zikuleli qoqo yibo abadle umhlanganiso. Ngiyababonga bonke abangenele umncintiswano ngoba ngaphandle kwabo belingeke libe khona leli qoqo. Bangadinwa nangomuso!

Angisoze ngalilibala iqhaza elibanjwe abehluleli balo msebenzi abasebenze ngokukhulu ukuzikhandla becubungula bebuye belungise ezinye zezinkondlo eziphumelele nezikuleli qoqo. Labo behluleli bekungoMnumzane uKhenani Makhoba, uNkosikazi uHlengiwe Ngcongo kanye noMnumzane uDumisani Nxumalo. Umsebenzi abawenzile mukhulu kakhulu ngoba wenze ukuba kube lula kuMhleli ukuhlela leli qoqo. Ngifisa ukwedlulisa ukubonga kwami kubacubunguli ababili ababheke lo msebenzi emva kokuba sewedlule ezandleni zoMhleli. Ngibonga kakhulu uDokotela uNakanjani Sibiya ngokuphosa itshe esivivaneni kanye noDokotela uBoni Zungu. Mangibonge kakhulu abashicileli beNyuvesi yaKwaZulu-Natali i-UKZN PRESS ngokushicilela lo msebenzi.

Sengiphela Amandla

Nkosinathi Gumede

Kukude emuva, kukude phambili,
Kuluvindi phambili, kuyakhanya emuva,
Ngibathe ngiyasinga akusingeki,
Ngibathe ngiyasinga kunqundeka amehlo,
Ngigqolozele isithabathaba esingenamkhawulo,
Ngihubha utalagu,
Sengiphela amandla.

Manje ngilangazelele ukubunjwa kabusha,
Ngikhale manje, ngihleke manje,
Angigone, angithuthuzele ngilale.
Pho-ke inkungu ikhasa phansi,
Ingisibekele,
Sengiphela amandla.

Ngiyampongoloza maqede kucwebe iziziba,
Ngijeqeza emuva ngikhumbule lezo nsuku
Maqede ngivendlezeke,
Ngiyakhala, ngikhale ngize ngizithulise.
Ngangithi ngiyoba isibani sezwe ngikhanyisele elakuleli,
Pho-ke namuhla ngiphelela ezeni,
Sengiphela amandla.

Kazi ngiyofike ngithini kuMvelinqangi?
Nakogogo uMbuhlazane?
Ngesiphiwo esingaka abangiphathisa sona,
Sengifisa nokuphila emhlabeni wami ngedwa
Ukuze ngicophelele,
Sengiphela amandla.

Ukuchazwa kwamagama

Amandla: umfutho
Utalagu: ukucwebezela okubonakala kude
Ukuthuthuzela: ukuthulisa
Ukusibekela: ukwemboza

Imibuzo

1. Le nkondlo igcwele umoya wokubalisa nokuphelelwa ithemba. Khetha amagama ayisihlanu afakazela lokho.
2. 'Sengifisa nokuphila emhlabeni wami ngedwa ukuze ngicophelele.' Achaza ukuthini la magama? Ngabe asho ukuthi ufakwe ngabanye kulesi simo akuso? Ngabe ufuna ukuzibulala? Chaza.
3. Kusho ukuthini ukujeqeza?
4. Iningi imvumelwano siqalo kule nkondlo. Ngokwakho yenza msebenzi muni?
5. Ukwenzenjani ukuhubha utalagu?

Izigi Ze-UKZN

Thandanani Mabaso

Uyintabamlilo evumbuke
Kwazamazama umhlaba,
Kwasaphaka uphoko,
Olusaphake ubusaphasapha,
Lwaye lwasaphakela
Ngisho phesheya kwezilwandle,
Bantweze okokhozi
Luzohlwith' ichwane kunina,
Bantweze bemagange,
Kuyingqayingqayi yozofika kuqala
Abhem' akholwe,
Inkul' indaba isedosheni,
Ligaywe i-UKZN eNingizimu Afrika.

Ungumqobi wamaqatha agangile,
Aqotshwe izincithabuchopho,
Zawabeka ebandla, lacosha,
Laphinde lacosh' iBhodi Lezezilimi
LaseNingizimu Afrika.
Izizwe zonke ziyizwile ngosi.

Uyizigi ezigigizele kwaband' amathumbu,
Uyicilongo elinkeneneze umnkenenezo
Ogijim' egazini kwaqubuk' uhlevane,
Amabutho empi yezolimi
Agxavula izihlangu zosiba nephepha,
Eseyizwile ukuthi isisemome.

Uyihlomise yayizimbeva, wayiphaka
Yagalel' amagalelo asindayo,

Kwaqothuk' utshani umZul' egiya,
Eqholosh' okwekhonde
Lihlabene ngofezel' omnyama,
Yena ehlabene ngolimi lwebele.
Uyicijise yabukhali ezimpondweni,
Yaqina enkabeni qede wayiphaka
Kwayiziswambithi igalela iphindelela,
Igalela ngezimfishanyana izinhlabelo.
Uyinhlamvu yelanga
Exegisele imisebe yolwazi
Emithonjeni egeleze
Yathunga umhlaba,
Abayihabulile bayihabule
Bayihabulela nabezayo.

Uyinhlamvu yelanga ekhanye
Yaqhwakela ebumnyameni,
Yaletha ukuzigqaja komZulu,
Obeseyisukamuva,
Umva kwezinye.
Uhlakule kwevundile,
Esivuno sihlobe
Ngezisho nezaga,
Safengqa ngezifengqo
Ezihlobanisa umZulu nemvelo.

Yenana kwelentulo,
Ntininiza ube isiphengqengqe,
Uqonge kwezilunguza emafini,

Umpongoloze kudume amawa,
Kwenanele nezihosha,
Ubahogelise impepho
Yamatemu esiZulu.

Gabavula sakugxawuzela,
Ungqabashiye okwesixhumo,
Ufike kuqala ubakhangeze,
Bafumbathe imihlomulo,
Imihlomulo yolimi lwesiZulu
Bashay' esentwala,
Baxoshe ikati eziko.
Olwegwalagwala UKZN!

Ukuchazwa kwamagama

I-UKZN:	inyuvesi
Uphoko:	uhlobo lwamabele
Izincithabuchopho:	izifundiswa
Uhlevane:	uvalo
Izimbeva:	izibonkolo

Imibuzo

1. Khetha amagama ayisihlanu ayizingathekiso kule nkondlo.
2. Lezi zingathekiso, ozikhethe ngenhla, zakha siphi isithombe nge-UKZN?
3. Gcwalisa le nkulumo: "Olwegwalagwala UKZN!"
4. Kusho ukuthini ukuthi: "Bashaya esentwala"?
5. Gagula amagama aveza ukuthi kunempi kule nkondlo.

Lunjalo Uthando

Fikile Majola

Kuthangi ngangikuthanda,
Izolo bengikuthanda,
Namhlanje angisakuthandi,
Ngihubhuze akabhejane
Sofa silahlane wami.
Ngathi ngikuthanda ngokweqile,
Lunjalo uthando!

Liyahlupha iso ngokubuka.
Kudlula sigqebhezane, libuke,
Kudlule mapakisha, libuke,
Kudlule lambalidlile, libuke,
Uphumalangasikothe yena?
Kuphithane ikhanda ukudideka.
Kanti yimuphi engimthandayo?

Indoni yamanzi yinhle!
Onyathela ngabantwana muhle!
Uphumalanga sikothe muhle!
Uthathawe nalo, luhle!
Isishodolwana naso, sihle!
Indoda umazikhethele,
Ibamba ngapha, iyeke ngapha.

Lumile lolo thando
Kepha ingcindez' idl' umunyu,
Iso alikhawuke ukubuka.
Elingenamkhawulo lona
Lileth' ingcindez' engqondweni.

Lileth' usizi nokudabuka.
Lunjal' uthando.

Ukuchazwa kwamagama
Uthando: ukwazisa
Uthathawe: umuntu omncane
Isishodolwana: umuntu omfishane
Umunyu: usizi
Ilambalidlile: umuntu odla kancane

Imibuzo
1. Iyini indikimba yale nkondlo?
2. Fakazela okusho ngenhla ku 1.
3. Phawula ngokuxhumana okusekugcineni kule nkondlo, usho nomsebenzi wakho.
4. Balula izinhlobo zezintombi ezibalwe kule nkondlo.
5. Ngabe imbongi ikhuluma ngothando lweqiniso noma lwamanga kule nkondlo? Sekela okushoyo.

Ngingubani, Wakwabani?

Simphiwe Kunene

Kwanyakaza umgqomo
Umshaneli womgwaqo wethuka.
Khwasha, khwasha ucwazi.
Maye! Yini le?
Ngiyithathe? Ngiyiyeke?
Angazi, kwazi uMdali.

Sibindi gidi, thatha,
Sindisa lo mphefumulo.
Khwasha, khwasha, ngwe!
Ngivule, ngivale, ngiqhele,
Hawu! Yini le?
Usana lwembethe ucwazi.

Ziningi izinhlobo zezibi,
Ziningi zitholwa emgqonyeni.
Umgqomo uphenduka iliba,
Ucwazi uphenduk' isembatho.
Kwabanenhlanhla bavuke qingqo!
Baphinde babe yimiqemane.

Onhliziyo mnene avule,
Ngwaaa! Lusaleng' inongwana.
UMdali alukhusele luphile,
Umzali omubi acashe,
Lukhule usana lubhangazele,
Luthole umndeni omusha.

Zihambe izinsuku lukhona,
Agijime amasonto lukhona,
Igijime iminyaka aphile,
Yedlule iminyaka ephila.
Atholoze ezibuza
Kazi ngingubani wakwabani?

Ukuchazwa kwamagama

Umgqomo: isitsha sokulahla izibi
Ucwazi: upulasitiki
Umqemane: umuntu ophilayo
Ukubhangazela: ukukhula ngamandla

Imibuzo

1. Unjani umoya wale nkondlo? Fakazela okushoyo.
2. Igama 'izibi' lisinika siphi isithombe?
3. Sifengqo sini esikulo mugqa: "zihambe izinsuku lukhona"?
4. Le nkondlo inezinhlobo ezintathu zokuxhumana. Zisho uveze, nezibonelo.
5. Yini ukubhangazela?

Nsizw' Endala

Tholakele Gasa

Nayo yake yangqabashiya,
Ebunsizwen' ontanga yabashiya,
Yawunyathel' umhlaba ngobushinga,
Namhlanje bheka isiyanwabuzela,
Seyihamba inqampun' ubukhwebezane,
Nansi seyihlafun' ubala.

Woza khehla ngikutotobise,
Naw' ungitotobisile ngakhula,
Wawungalibeki nami ngilibeke,
Usungwevu namandl' awasekho,
Nemfuyo usuyikhalima ngehlo,
Ungayi ndawo, ngisakudinga.

Wawungenaso isandla esilula,
Wawungashesh' uphakamis' izwi,
Nesalukazi esingumama singufakazi,
Wawuphunga ngeshoba lokuziphungela,
Nakuba usumpunga, useqotho,
Ube yisibonelo esihle.

Nazi izithobo khehla lami,
Ngizokuthob' izinyawo nenhliziyo,
Nomnyatheliso impela ngiyawukhipha,
Ukuze inhliziy' ingabi naxhala,
Olwegwalagwala ngiluzingele ngaluthola,
Ngiyakuchoma lufanele wena nsizw' endala.

Enqolobaneni yengqondo yami
Wagxisha amagama amabili,
Wagxish' inhlonipho, wagxish' ukuzethemba,
Ngisaziphethe lezo zikhali namanje,
Yizo engibhubhisa ngaz' umhlaba,
Wo! Leli khehla, langihlomisa!

Ngiyabona nemisipha kuw' isifinyele,
Namehlo bandl' asebuk' afifiyele.
Yakh' umkhany' ubuk' ezinkalweni,
Ubuk' ukutshakadula kwesithodlana,
Ngesakh' impela ungalokoth' ungabaze.
Wo! Leli khehla, seliyamamatheka.

Ukuchazwa kwamagama
Ubushinga: ukungasabi muntu
Ukunwabuzela: ukwenza kancane
Ompunga: onezinwele ezimhlophe ekhanda
Igwalagwala: uhlobo lwenyoni
Ukuhlomisa: ukudodisa

Imibuzo
1. Ngabe isihloko sale nkondlo siyahambelana nenkondlo yonke?
2. Fakazela okushoyo.
3. Uthini umyalezo wale nkondlo?
4. Sifengqo sini lesi: "Yizo engibhubhisa ngaz' umhlaba"?
5. Ukwenzenjani ukwakha umkhanya?
6. Lesi sisho esingenhla ku-4, sisetshenziswe kahle? Sekela okushoyo.

11

Nompucuzeko

Lungani Ngubane

Yebo-ke Nompucuzeko ntokazi emhlophe
Okwezihlabathi zolwandle, usufike qathatha,
Ubukhona bakho siyabuzwa, siyabubona nsuku zonke,
Ngezwi lomzwilili ucikozile,
Sibeke indlebe salalelisisa, sathatheka,
Amazulu siwabone evuleka sesiwele ngelibanzi,
Imana yehle emkhathini kuhle kukazamcolo,
Yebo-ke limnandi mkhohlisi ndini,
Usishiye kwelamaphupho, saphupha inganeko.

Nompucuzeko ndini udlalile ngabantu!
Sikuthathe sakubeka esicongweni sobukhosi,
Siphonse esivivaneni sokubulala okungokwethu,
Imitshingo ikhininde izindaba zemfundo.
Izimfijoli zakhuluma zixoxa udaba lwenkululeko,
Amacilongo asimemele kweloju nezinyosi,
Abafundile basikhumbuze ngelingafelwa nkonyane,
Bathembisa izinkumbi inala engunaphakade;
Uma nje bezozikhohlwa ububona, balandele okwezizwe.

Nompucuzeko ndini udlalile ngabantu!
Nguwe lo ofike qathatha nenkolelo ze.
Labo abakhuluma uMageba bayizithutha,
Babizwa ngamaqaba angancwadile.
Bakhulumile osiyazi belubiza ngesicefe olwesintu,
Ubungqwele bale mihla buvezwa ngokuveteza,
Ubungqwele bukhanya bha ngokwenza okwabezizwe,
Nabaholi kunamhlanje bayakwitiza,
Sebephenduke abelungu abamnyama.

Nokho Nompucuzeko ndini udlalile ngabantu.
Ubabhubhise ngokubahabulisa ngxube yimbe,
Lesi siqatha sididiyelwe namaganu,
Baphuze maqede bagenuka, baphupha,
Bavuke lapho bakhuluma izilimi zabezizwe,
Nompucuzeko uyisinengiso kuleli likaMthaniya.
Abantu abamnyama bazilibele.

Yebo-ke Nompucuzeko udlalile ngabakithi,
Kuthi mangimpongoloze ngephimbo,
Elembethe ingubo emnyama yosizi,
Ngililele lolu limi,
Ngimemeze izincithabuchopho enhla nasezansi.
Ngithi azijule zijubalale kwezemfundo,
Ze zizoletha isisombululo,
Zihambile zabuya neyombangandlala,
Nazo sezaphuza isiqatha sikaNompucuzeko.

Nompucuzeko ulibulele elakithi
Bengingubani-ke mina,
Bengizolalelwa ngubani, ngingumfokazana nje?
Bengizothuma bani ukubhula lo mlilo?
Ngubani ongaqeda la malangabi?
Angisale sengidikibala, ngiyeke konke.

Ukuchazwa kwamagama

Impucuzeko: ukuphila ngokwaseNtshonalanga

Ukucikoza: ukwenza ngobunyoninco

Abafundile: abayile esikoleni

Inkoleloze: ukukholelwa entweni engekho

Umbangandlala: okudala indlala

Imibuzo

1. Le nkondlo igcwele umoya wokubalisa. Kungani usho kanjalo?
2. Imvumelwano siqalo esemigqeni yama-43, 44 no-45 ngabe iletha muphi umqondo?
3. UNompucuzeko uvezwa njengomuntu. Ngabe isiphi isizathu salokhu?
4. Caphuna umugqa onesifengqo ukwenzasamuntu.
5. Inamsebenzi muni impindwa ekule nkondlo?

Sithandwa Sezikhuthali

Halalisile Mpanza

Mpande yokuzidela,
Sizinda sezikhuthali,
Sisekelo sempilonhle,
Phawu lwenkuthalo,
Gatsh' elithwele' lezi zithelo.

Ngenabisele kwelingafelwa nkonyane,
Ungifudulel' olwazini olunzulu,
Ungifukul' iphango lokwazi nokuqonda,
Nginqwamb' umnqwambo wezifundiswa,
Ngiklab' emahlungwini aluhlaza,
Ngizuz' ifa lakwaNgqondonkulu,
Ngikhehlw' inhloko yabendele kwaNgqondonkulu.

Yondl' ingqondo ezacile,
Uhlubul' ubugqila bobuhlwempu,
Ngembath' imvunulo yentokomalo
Elulana kepha ethokomele,
Emnyama kepha ikhanyis' ingomuso.

Ngethwese umpheme wolwazi,
Oleng' amaqabung' omnyezane,
Ungiphathis' ubhaqa lwempilo
Engiyokhanyisa ngalo ngicing' umnotho,
Ngivulel' inhliziyo-ke mpheme wempilo.

Ngiphephis' ekuhubheni owesilisa,
Engilalisa ngikhangezw' indibilishi,
Ngize ngiwotawotane nethuna ze ngiphile,

Ngiphile ebuthongweni bengcwaba,
Kanti sengiziphendula idili lamanqe.

Mangithwal' iminyezane
Ngivikel' ubuchoph' esithwathweni sokungazi,
Ngigon' imfudumalo yehlobo,
Ngiphephe emagagasini empilo,
Angiwahlaza ngiphume sengizilibele,
Ngifundis' ukutshuza kwesimanzonzo.

Yiba lubhoko lokudondolozela namuhla,
Ube yimisebe yethemb' efudumez' ubuchopho,
Ngintongele kuwe kuhlakazek' ingqondo,
Ngesiphuku solwaz' ungifudumez' ingqondo.
Ube yilanga elixosh' amathunzi,
Utakul' ingqondo enkungwin' ekhasayo,
Ngikhetha wena nomfundo kalwazi kaNgqondonkulu,
La sengendele khona,
Ze ngingalifuz' isakabuli.

Ukuchazwa kwamagama

Izikhuthali: abantu abasebenza ngamandla
Umnqwambo: isembatho
KwaNgqondonkulu: enyuvesi
Ingomuso: ikusasa
Iminyezane: iziqu

Imibuzo

1. Ngenjani ingqondo enenkungu?
2. Kusho ukuthini ukutakula kule nkondlo?
3. Khetha izithombemagama ezinhlanu kule nkondlo.
4. Ukwenzani ukuntongela?
5. Ngubani isithandwa sezikhuthali okukhulunywa ngaye kule nkondlo? Fakazela okushoyo.

Sibani Sami Sokuphila

Xolani Ngcobo

Khanya sibani sami sokuphila,
Khanya sibani kuvele ukukhanya.
Ngawe sibani sami ngingaphila,
Ngiyatotoba, ngiyafifiyela, ngibheke wena.
Bekuluvindi kimi ungakhanyi
Manje sengiyakubona ukukhanya.

Wakhanya sibani sami sokuphila,
Awu! Ngalibona izwe nobuhle balo,
Bengizitshela ukuthi ngiyazi,
Kanti ngilibele, ngiyaphuphutheka nje.
Yembuleka nkungu egubuzele umqondo wami,
Ngazibheka zahlangana izinombolo.

Ngaziqhatha zaqhatheka izinhlamvu, lafundeka igama,
Basuka ubumnyama benkungu yeminyakanyaka,
Bheka namuhla sengiyaviliyela
Namabutho akosomfundo.
Sengiyikazela iminyezane yakosomfundo,
Khanya sibani sami sokuphila, khanya.

Kusantwela ezansi zagqanqula ezakwethu
Okwamathole ebona unina,
Zatshikiza kwasiphuk' izidindi kwamhlaba,
Afrika jabula ngoba konke kuqhakazile,
Sakhanya isibani sami sokuphila,
Ngaze ngalubhada kwesikabhadakazi,
Ngaze ngawela imifula nezilwandle.

18

Sengihamba ngiyaqholosha ngoba uyangihola,
Wena ungumondli wemizi yezizwe,
Sengingasho nje ngithi ungumfazi omabele made,
Ukwaze ukuncelisa izinjinga waze wancelisa nabampofu,
Mfundo kanti ungubani ngoba bonke
Bafuna wena, akekho okuqedayo,
Ngisho nemidodovu itotoba idondolozele kuwe.

Ngawe sibani sami ngingaphila,
Sengihamba ngiyaqholosha ngoba uyangihola,
Ungisusile inkungu nobuwula,
Ngaqhakaza ngahloba ngolwazi lokwazi,
Sengiveteza ubuvetevete kuhle kwamaNgisi eNgilandi,
Khanya sibani sami sokuphila khanya,
Awukhanye sibani ngikleze kogwansile.

Ukuchazwa kwamagama

Isibani: okokukhanyisa
Ukukhanya: ukubonakalisa
Inkungu: isithibezi
Imfundo: okuyelwa ezikoleni
Ukukleza: ukusengela emlonyeni

Imibuzo
1. Shono okuyisihlanu okwenziwa isibani sembongi, kuyona.
2. Yini ukuveteza?
3. Yini imidodovu?
4. Ngokwakho siyini lesi sibani?
5. Fakazela okusho ku-4 ngenhla.

Luhlobile Mageba

Eric Majola

Lolu lwakho Mageba,
Mageba luhlobile,
Luhlobe luyayikizela.

Wen' owababon' ejadwini,
Bevunule beconsa ngeyakwenu,
Babhikla yon' eyakwenu,
Beyibhikla ngal' olwakwenu,
Kwazise phela luhlobile Mageba!

Lunguwe, lukuwe,
Olukuwe lungolwekhethelo,
Nom' ungalwetha ngelikanomakhethelo,
Kwazise ludidiyelwe zingwevu zakoNongwevu.
Maqede zaluqulela emiphongolweni,
Kwazise luhlobile Mageba!

Nom' usungowokuzimilela kwaNgqondonkulu,
ONgqondonkulu sebekulole bakucija ngolunzulu,
Maqede bakuvathisa ngesabakhutheleyo,
Bakuqhelise ngowezikhuthali,
Maqede bakuthwes' olwegwalagwala.

Usuvetez' olwakondlebe zikhany' ilanga,
Usuluvetez' ulukhafule ngamakhala.
Owaluncela kweligwansil' awusalugqizi qakala,
Ukungalugqiz' iqakal' sekuyinsakavukela,
'Ze wazi kuyichil' ukuthukus' olwakwenu
Kwazise luhlobile Mageba!

Olwakwenu aludinge kuthakwa,
Olwakwenu ngokwalo luyisithako,
Nakub' osikhwili phambana bebhembuluka,
Olwakwenu beluphendul' isifanakalo,
Beklezelana ngomsoco wokugwansa kwalo,
Beluvanxulis' okwamanzi adungekile,
Beluchithela kwanolibala,
Ungalibali olwakwenu luhlobile Mageba.

Lungulozol' olukhephuk' ekajabula mphimbo,
Luvutshw' emaxhibeni akowengabadi,
Lunonile luyolile,
Lufukamele!

Ukuchazwa kwamagama

Ukuhloba:	ukuzilungisa
Ukuqhelisa:	ukuklomelisa
Ulozolo:	yinto emnandi
Olwengabadi:	olomdabu
KwaNgqondonkulu:	enyuvesi

Imibuzo

1. Chaza isihloko sale nkondlo.
2. Yini isifanakalo?
3. Ukuba njani ukuba usikhwili phambana nobhoko?
4. Imvumelwano siqalo esesitanzeni sokugcina yenza msebenzi muni kule nkondlo?
5. Sifengqo sini esikule nkulumo: 'lunguwe'?

Kwaze Kwanzima!

Gugu Dlamini

Kwaze kwanzima!
Kushaywana ngamakhanda,
Babodwa abagxeka uHulumeni,
Babodwa abakhala ngobuholi.
Kazi iyozala nkomoni?
Ubumayemaye, ubandlululo luqale phansi.

Ingabe izingqalabutho zazilwela lokhu?
Yek' amandl' esambane!
Ubuholi buthule buthini?
Nakhu konakala bo!
Abakwasidlodlo abazibekile phansi,
Abafundi balele emajele!

Khona sekwenzeka,
Imfundo yamahhala pho!
Nini? Kanjani?
UHulumeni ekhala engashayiwe nje.
Khulumani zincithabuchopho,
Kwenziwenjani uma kunje?

Imibhikisho ngapha nangapha,
Kuxakile ezikhungweni zemfundo ephakeme,
Amaqembuqembu abafundi,
Babodwa abaphakamisa ukuhleleka,
Babodwa abangophuma silwe,
Babodwa abacela umaluju
Beqhakambisa ukuqhubeka nokufunda.

Imfundo yilona themba leNingizimu Afrika.
Ngaphandle kwayo, sifile isizwe.
Bangavelaphi abaholi bakusasa?
Inkunzi isematholeni.

Ukuchazwa kwamagama
UHulumeni: uMbusi
Ubuholi: abaphathi
Imibhikisho: iziteleka
Imfundo: okutholwa ezikoleni
Ubandlululo: ukukhiphela eceleni

Imibuzo
1. Indikimba yale nkondlo imfundo. Phawula ukuthi imbongi ithini ngale mfundo.
2. Iqondeni imbongi ngokuphindaphinda igama 'babodwa'?
3. Kuhlanganaphi ukuthi 'abaholi bakusasa' nokuthi 'inkunzi isematholeni'?
4. Kusho ukuthini ukuthi: "yeka amandla esambane"?
5. Kusho ukuthini ukuthi uhulumeni ukhala engashayiwe?

Mangizithobe

Nomonde Jele

Ngamhla ziqhilika izithelo,
Izithelo zosizi nokubekezela,
Izithelo zomunyu nenhlupheko,
Zikhula ziniselwa yimvula,
Imvula yezinyembezi,
Mangizithobe.

Sengiphumelel' ukufez' ezeminyak' izifiso,
Senginqwanjisw' umnqwambo oqavile,
Sengiyikazel' iminyezane yakomfundo,
Sengibukhali ngilolwe okommese,
Mangizithobe.

Namhla ngiyobhekana nawe mhlaba,
Sengiphumelele kwelakoNgqondonkulu,
Izithukuthuku zami sezivele obala,
Sengibalwa nabanqwanjisiwe,
Mangizithobe.

Ngilalel' okushiwoyo,
Ngilalel' omdala,
Ngilalel' omncane,
Ngithobe, ngizothe,
Mangizithobe.

Ngihloniph' imvelo,
Ngihloniph' isintu,
Ngihloniph' abazali,
Ngandelwe ngezokuphil' ezweni,
Mangizithobe.

Ngibonge nginconcoze,
Ngelule isandla,
Ngifukule indlu yakithi,
Ngifukule indlu eMnyama,
Mangizithobe.

Ngobonga kuMvelinqangi,
Ngivume koMdala Wezinsuku,
Ngisho ngithi:
Bekungebona ubuhlakani bami,
Kepha ngumusa wakhe,
Mangizithobe.

Ukuchazwa kwamagama
Ukuzithoba: ukuzehlisa
Umnqwambo: isembatho
Ukuzotha: ukuba nomoya ophansi
Ukubonga: ukuthokoza
Umusa: isihe

Imibuzo
1. Chaza lezi zimo zokukhuluma ngendlela ezisetshenziswe ngayo enkondlweni:
   (a) ukunqwanjiswa
   (b) ukufukula indlu eMnyama

2. Hluza ukhiphe izimpawu zobunkondlo ezitholakala kule migqa elandelayo:

25

Ngamhla ziqhilika izithelo,
Izithelo zosizi nokubekezela,
Izithelo zomunyu nenhlupheko,
Zikhula ziniselwa yimvula,
Imvula yezinyembezi,
Mangizithobe.

Sengiphumelel' ukufez' ezeminyak' izifiso,
Senginqwanjisw' umnqwambo oqavile,
Sengiyikazel' iminyezane yakomfundo,
Sengibukhali ngilolwe okommese,
Mangizithobe.

Zidla Inkotha

Sanele Zondi

Ayihhashi, Mabong' endlini!
Kuhlezi izinsasa, izingwevu nezingengelezi,
Kumanyazela ungiyane, kugudlana izidlokolo;
Zibuthanele isithebe sekhethelo –
Ziqhweb' umnta kabani azoqoba,
Aqobe awekhethelo amaqatha,
Aqale aqobe elomqobi, alifunde.

Ukhethekile – ushaya eyekhethelo,
Uyishayela abakhethekile;
Abayidla bentongela bengaphangi,
Beyidla nenhloko; amathamb' ekhanda,
Beyidla beshiyelana bentongela,
Bathi hlwi kabili kathathu,
Igazi lithi hlaka, lithi kla!
Qede bakhumbul' imilando emidala.

Bakhumbula imimango abayidabula,
Ubezwe bethi: 'Akummango ungenaliba,
Ngezinsizwa ezasala emizileni';
Iziziba zigqitshwa izihlabathi
Ngamaqhawe ayenegalelo aphansi kwezivivane.
Bayithi gcobho kuvoyizana,
Bayinyanyathe, bayixhanxathe, bayitshobotshele,
Kwazise namazinyo asanyamalala.

Uzwa belulekana ngegugu elidonsiswanayo,
Nenduku ayiwakhi umuzi,
Kanti ikhanda elixegayo lofulela abafazi.

Nazo zilokotha izinsizwa ezindala,
Zicijana ngenjobo ethungelwa ebandla,
Zibuzana ngomuthi ogotshwa usemanzi,
Nenjalo ephuma edunjini.

Zilalel' uzilalelisise sezikweqela zikwenqaka,
Ngempi yomndeni engangenwa,
Nomlandu owoniwa ngabalandakazi.
Ziqondene nawe ngqo wena
Obona imbuzi ukugudla iguma;
Kanti imbuzi ilala phezu kwezinyane layo kunje,
Nengwe ikhotha amabala ayo amnyama namhlophe.

Bazinquma amakhanda baziyeke onkabi;
Bede bezehlisa ngodiyo,
Bayazi igula lendlebe kaligcwali.

Kwedlul' isihambi ngendlela,
Sesiqhwetshiwe sithiwe chweshe
Kuyo eyekhethelo leyo,
Sibheme sikholwe, singawuhlanganisi umlomo,
Umlomo lo njalo kaweyi,
Ziqonda kahle izingwevu nezingengelezi:
Inkomo ehambayo kayiqedi tshani;
Kanti nonyawo belu alunampumulo.

Nango-ke umfana kaSishosonke egcwaneka,
Egibela phezu kwendlu yesonto,
Bamtshela ingcaca kwezikabhoqo:
'Ngeke asithwale esimhlophe'.

Wezwakala umakadebona esola:
'Indaba inendodana, uyise kanacala'.
Sazivikela isichwensi ngendelelo:
'Nginje nje ngoniwa inkunzi
Inkonyane yomdlandla yeqa la kweqa unina'.
Wajokola umunt' omdala edinwe efile,
Nokwesutha kwakhumbuza uNoshinga ukuthakatha.

Udwendwe lolimi namathe
Kulezi ezimbili ezihlezi laphaya.
Ziyinkukhu nempaka kulabaya,
Langa limbe ilanga lake labhekana nenyanga,
Kwathula izaqha, kubamben' ingwe nengonyama,
Kungongaphansi nongaphezulu,
Ingekho ethelela enye amanzi,
Ilanga labheja labomvu;
Leyo ngoyixoxela amagwababa echobana.

Zihlale zimbiwe yinsele kwabadala,
Kuyabuswa, iphekwa ngomhluzi wenye,
Igcagcele esokeni emaklozeni,
Amajikankezo akhala ezimathonsi,
Iyadela imvukuzane ngokuhamba phansi.

Ujabule uyafa omdala phezu kwetshe,
Negwababa lize liphathe umgodo unhloyile afise,
Impunga engena ngesango iyancinciza,
Ibuka etsheni ngeso lokuhlola insimu:
'Yeka ubambo lwenkabi ukudliwa kwandlwana',

Ibona inkawu idlala ngesikhwebu;
Ithendele nje libulawa uqondo lapha.

Yedlulela kwagogo, endlini yangenhla;
Kuhlangene inguyazana,
Sekuzalele ihlokohloko;
Zibunganyele inguzanguza yokhamba,
Luqhilika ingwebu,
Iyahlihla, intundabebhekene,
Ezehlisa ngayo amaqatha ekhethelo,
Ngaseziko isithebe. Bheka!
Umhlubulo, untu, ungiklane, usinyaka netwani.
Ziqhinqele isithebe samavenge,
Amavenge angesikwe uMaSibanibani engekho;
Busuka lapho-ke lobo buwelewele,
Ungafunga kuyaliwa.

Nazo izalukazi zidla yona impundu.
Ungibuze ziyithathaphi, ngizokuzekela,
Zayifunda kwaNgqondonkulu ekuthezeni,
Lapho zazephula uhleko zixinwe amanxila,
Ziphuma kwesamaqhikiza isandla;
Ziwuhlaba inhlali lapho zixhilwa,
Funa ziphendule zihilwe;
Ziziholele amanzi ngomsele.

Zazishaya inyoka endleleni;
Ingani intombi kayidlulwa kwelakithi;
Zaqwaqwadwa endleleni ziya encemeni,

Zeluka izibopho namasikela emahlombe,
Zadonswa ngendlebe kwelukwa izibopho,
Zizibophe zingephukeli umfokazi ngelanga,
Zathethiswa zidlela izinkobe enkezweni,
Zafunda imiqulu yemiqingokazi:
"Ihlonipha nala ingeyukwendela khona",
"Zala bantu ziye ebantwini",
"Ubude abuphangwa",
"Umendo kawuthunyelwa gundane",
"Ilumbo livuka esidwabeni",
Esikoleni sokugcina ekucimeleni.

Zaqala ngomfana – zamkhuza;
Zimkhuzela umswani wembabala ekhaya;
Nango-ke umalokazane eselelesa,
Elelesa ngokulokotha abangalokothwa,
Uyise ushaya inja ngekhanda nje,
Uyohlawula ngeminwe yini?
Umalokazana ulokotha inja egcekeni,
Kanti uNjemnyama kamfana,
Leli bala ingcanga aliyichaphi,
Kulo mkhaya kuyamaywa amanandi
Ngob' uyise omdala kamfana uKudlakwengane,
Umnewabo kamfana uMaswidi;
Intokolo nezimpothulo akuyi mlonyeni;
Ukhokho wegceke wakumaya wagqashuka.

Intundabebhekene iyabaqoqa –
Benwaye iziphundu ngobumtoti bengqothovu –

Inkotha iyabawola –
Okotshani buwolwa yinkomo ngenkotha,
Ibembathisa siphuku sinye,
Ibamba nezimpande zabo,
Ungabatshala kwelinye iqele, bamile.
Abashazwa, bakhula ngenkotha.

Unenhlanhla mfo kaBani,
Nawe mnta kaSiphecelengwane,
Ngokudunjwa umunwe wezinyandezulu,
Nabizwa 'zingqwayingqwayi zikaZulu',
Ukuzozishayela amancane ekhethelo,
Adliwa ngesinono kungaphangwa mdaka,
Seziqedile ukunyanyatha zesulele ekhanda lakho
Sakukugcoba ngamafutha emvubu,
Ze uphume uyikazela ubuhlakani
Bezingqwayingqwayi obungathekelwanga kwabezizwe,
Ubuhlakani bezingengelezi obungahanjelwa;
Sezikuqothele ingqondo kanogwaja,
Uyobheka abezizwe ezinhlamvini zamehlo
Banikine amakhanda, bakhexe imilomo,
Bakucwaningele oNdongande noNdongazibomvu,
Lapho kwenanwa kwethekelwa khona ulwazi,
Kanti wena udla la kudla khona izingwevu,
Ushaya eyomthombo nezinsasa nezingengelezi,
Nidla amaqatha ezincithabuchopho zempela,
Nishaya inhloko nongiklane nifinye ngendololwane.

Ukuchazwa kwamagama

Izinsasa: amadevu
Izingwevu: asebenezimvu ekhanda
Izingengelezi: abanempandla
Imilando: imuva
Amaqhawe: abanqobile

Imibuzo

1. Caphuna imvumelwano-siqalo etholakala endimeni yesi-5.
2. Tomula izaga ezimbili ezitholakala kulezi zindima:
   (a) Indima yesi-3
   (b) Indima ye-10
3. Nikeza amagama asho okufanayo nalawa:
   (a) Iliba
   (b) Ummango
   (c) Ingonyama
   (d) Udiyo
   (e) Izinyandezulu
4. Yiziphi izenzukuthi ezitholakala kule nkondlo? Nikeza zibe mbili.

Ngicabiseni Imvomve Zinyandezulu

Sfiso Mkhize

Angimelene nampucuzeko namfundo,
Ngimelene nemfundiso ze
Engenyula kokwase-Afrika,
Ingigxabhise kokwaseNtshonalanga,
INtshonalang' ib' isatabalas' emanxiweni,
Ngize ngizilibal' ubumina beqiniso.

Senginyenyezela nina nsuku zonke zinyandezulu,
Ukuba ningizacise kwimpoqabulungu,
Ninginonophalise ngolim' olunzulu,
Ngihlubulen' isiphuku sokuthanda olwabezizwe,
Ningembathis' imisebekaz' enothile yolimi,
Ngilusingathe ngengqondo nangenhliziyo,
Ningiklwebh' ubuchopho ngonyazi lwenhlakanipho,
Ngiqonde ukuba ubufundiswa besifundiswa
Akuthukusiwe nje emiqingweni yakoNgqondonkulu,
Kepha nasekutabalasen' olimini lwebele nokuziqonda.

La bucinanis' ubumnyama bokudungeka kwengqondo,
Nize ningihlahlamelise zinyandezulu kokukaZulu,
Okwensengwakazi ngibhonse ngishiswa ugqozi,
Okwenkunz' emakhenkenene ngibhonge ngihay' inkondlo,
Isibani sogqozi lobumbong' obulokozayo
Nisikhwezele kusahlwile,
Nxa kukhany' ingqondo yami,
Sekuyokhanya namakamel' enhliziyo,
Ngigogode kolukaMageba,
Ngigwaqazise nasemshungwini wezifundiswa.
Sengizibhudule ngazifuman' emenweni,

Manje-ke, ngiphambukiseleni kweloBulima ngiyeke ulimi,
Ngembulen' ufasimba lwenkung' engedusayo,
Ngofuzo ngindiyaze ngize ngizululeke nangengqondo,
Ngijulisw' ekuthukululen' amafind' aboshwe ngabomu,
Ngicabisen' imvomve, ngimome umongo wolimi,
Ngeduswe ezinkambisweni zezinyoni.

Sengakhihl' esokulangazel' ubunkondl'
Obuhlabahlosile boMagolwana,
Ngigconwa yisithukuthezi solim' oluchithekile,
Ngikhumbul' ubuciko bezimbong' ezasendulelayo –
Yek' *Ibandla LaseNtabeni* elichochobaliswa *Umzwangedwa*,
La, ngikhumbula *Izimbongi Zosiba* . . .
Wo, *Izimpophoma Zomphefumulo!*
Ngikhale esobunkondlo obenyulwe luhlaza,
Kwalil' oNonkamfela noMthethi wedlozi koMtimande,
Zahlaselwa yisilokozan' ezakoTheninja kaNomangcwemb' eGcotsheni,
Zithi: "Kazi mhla sifayo siyawuthini koBhambatha kaMakhwatha".
Nakhu *Inkondlo KaZulu* seyaphendulw' umfudumezo,
Pho-ke! Sesibhudula *Indlela Yomcacamezelo* akusekho nkondlo!
Kusayohluzwani? Bekuvutshelweni? A, shiya!

Ukuchazwa kwamagama

Imfundiso ze: imfundiso eyedusayo
Izinyandezulu: izinyanya
Ulimi: okukhulunywayo
Imvomve: umnkantsha
Umongo: ingqikithi

Imibuzo

1. Ake uhluze uhlahlele indima yesi-3 yale nkondlo, ukhiphe lezi zimpawu zobunkondlo kuyo:
   (a) Isifaniso
   (b) Isenzasamuntu
   (c) Imvumelwano-siqalo
   (d) Ifanamsindo
   (e) Ihaba
2. Hlobo luni lokuxhumana olusendimeni yokuqala kule nkondlo?
3. Kule nkondlo tomula imigqa ene-enjambamenti etholakala endimeni yokuqala neyesibili.
4. Nikeza incazelo yale migqa elandelayo etholakala kule nkondlo:
   (a) Angimelene nampucuzeko namfundo,
   (b) La bucinanis' ubumnyama bokudungeka kwengqondo,

Zithibelene Kuleya Nkundla

Siphamandla Mathaba

Zithibelene zicelana inselelo udede,
Ziyaqhwisha ziyabhonga zithimula ubala,
Mhlokolozi ungalinge uzihlokoloze zizobulalana,
Zicije zonke, zibheje ulaka, zihlaba usentu,
Zithelwe ngezibonkolo, zachelwa ngentelezi,
Ayikho efuna ukugoba uphondo icele umaluju,
Yacela umaluju kuyobe isikhomba ubuvaka,
Ziyoyokha ngensini ize inxothozele amahloni.

Umlamulankunzi usememeze washelwa yizwi ezilamula,
Kazi uzozilamula kanjani zizimbeva zinje?
Uyazilamula ezinye ziyamkhaba zibuya naye uthuli,
Ziyamthimulela ziyamjijimeza zilinga ukumthwala ngophondo,
Zithi ulamula isilamulakanjani ucheme isidana nabakwabo.
Mlamulankunzi uphakathi kwetshe nembokodo kule mpi,
Baleka uphinde ubaleke njengebizo lakho,
Baleka umbethe ungephike nelanga!

Zigagulana ngamagama asindayo wenyele, ukhophozele,
Amaguqa awasabi ukucela inselelo kwezimalundalunda,
Amaguqa agabe ngokuthi sekuyoshiyana umgwebo,
Umlamulankunzi uyazilamula zimshaye indiva,
Uzibiza ngamagama azo zibuye naye uthuli,
Azisenendaba noma eqhumisa isiswebhu ezikhalima,
Azinandaba nokubhongela phezu kwekhanda lakhe,
Ziqhwishana phezu kwakhe azimshayi mkhuba,
Mlamulankunzi kazi uzozilamula kanjani zicije kanje?

Ubuphoklophoklo kuphuka inkundla ziyagwebana wethu,
Kusuka uthuli ziyadudulana, zikhiphana ngaphandle,
Sezikhohliwe ngumsebenzi wazo ezawufungelayo,
Sezikhohliwe ukuthi zafungela ukuqatha indima,
Indima ziyiklamile zayishiya ingaphethiwe,
Igeja beligijima phezulu zashiya amasoyi engamabhanga,
Amajoka ezawethweswa isizwe ziwalahle phansi,
Izikeyi nezitilobho sekunyiphile kwasala phansi.

Sezikhohliwe isifungo ezasifunga zingena kule nkundla,
Zafunga zathi ziyoyiqatha indima kuphile isizwe,
Azifungelanga ukuqhwishana nokuhlabana ngophondo,
Azifungelanga ukugxibhana nokubekana amabala,
Zafunga zazibophezela ngaphansi kukasomqulu,
Umthwalo wokuxosha ububha usemahlombe azo,
Mlamulankunzi zikhumbuze ngosomqulu wokuzibophezela.

Ukuchazwa kwamagama

Umlamulankunzi:	olamula izinkunzi
Ukuthibelana:	ukubhekana ngeziqu zamehlo
Indima:	isigaba
Ukuqatha:	ukulima
Usomqulu:	ibhuku

Imibuzo

1. Hluza le nkondlo ukhiphe isakhiwo sangaphandle sayo.
2. Funda le nkondlo bese usho ukuthi ikhuluma ngani.

Izibuko

Siyabonga Nxumalo

Lapho behlangene ngamakhanda,
Bevungazela, udlule ngezamawuba,
Uze ungazimbandakanyi,
Lapho behlanganisa, beneme bekhululekile,
Zimbandakanye nokulunga mntanami.

Lapho ufika empambanandlela,
Thath' ebhek' eMpumalanga ndodana,
Ungalandeli uquqaba,
Ubheke lapho liphuma ngakhona.

Izinkathazo neziphepho kuyogadla mntanami,
Ungalibali wukuhlaba phansi ngedolo,
Ucele kongabonwayo.
Zimbandakanye nokulunga mntanami.

Uphikelele, uzikhandle mntanami,
Usuya lapho zishukwa khona,
Lapho impumelelo ingukusebenza kwakho,
Lapho kungenamelusi okukhalimayo,
Konke ukuzuza ngokuzibophezela.
Zimbandakanye nokulunga mntanami.

Khohlwa yinjabulo yesikhashana,
Usebenzel' ingomuso mntanami;
Mntanami sengikuweza ngelibanzi,
Sengikuwezile kwamaningi,
Sesibabele kwelokugcina sindawonye.
Zimbandakanye nokulunga mntanami.

Umhlaba ukulindele ngabomvu,
Usinekise izingxavula zawo.
Zilolonge uzilungiselele,
Uwele ngobunono kuleli zibuko,
Amabombo abhek' eMpumalanga,
Ekukhanyeni kwelanga eMpumalanga,
Zilungiselele kahle mntanami,
Sengikuweza kwelokugcina.

Ukuchazwa kwamagama

Ukuzimbandakanya: ukubamba iqhaza
Ukulunga: ukwenza okuhle
Ongabonwayo: uMdali
Impumelelo: ukunqoba

Imibuzo

1. Chaza ukuthi ukwenzenjani:
   (a) Ukuhlangana ngamakhanda?
   (b) Ukuhlaba phansi ngedolo?
   (c) Ukuphikelela?
   (d) Ukungiweza ngelibanzi?
   (e) Amabombo abheke eMpumalanga?

2. (a) Ngubani lo 'ongabonwayo' okukhulunywa ngaye endimeni yesi-3?
   (b) Inkulumo yale nkondlo, uma uyifunda, ucabanga ukuthi ngubani lo okhulumayo? Ekhuluma ebhekise kubani? Caphuna imigqa eyizibonelo, ozokwesekela ngayo izimpendulo zakho.
3. 'Umhlaba ukulindele ngabomvu.' Amani wona 'abomvu'?

40

Ungwengwe

Mbongeni Nzimande

Lichocha,
Liklaklabula,
Linomvimbi.
Likhithika.
Uphuhlil' eceleni komgwaqo.
Yisimbelambela isipoki senxiwa.

Ibunzi liqoshwe ubuswezi,
Amehlo agqoke indlala,
Ubuso bembethe imicabango.
Yeka ngezimbambo ezisinekile,
Uzwa ngetshe njengenyoni.
Shwele, ngesihlangu seNkosi!

Ayikho imamba emfuleni!
Akawathele agingqike emhlane,
Angagcini ngokuwaphuza.
Yeka iqiniso ukubaba,
UVusumuzi ephenduka uChithumuzi.
Kuthunqa uthuli odakeni.

Ubhekwe yisambane,
Kusadlula abanenkwantsh' ezandleni,
Ukumphonsela utho kuzobatshabula.
Lacathula ilanga lingakhulekiwe,
Engahlali mathunzi umfokazi.
Ubuso busabalele bunonyezi.

Itshe lokhalo!
Ulathazela abuye evathazela,
Esagqamuk' amalangab' ethemba,
Udla ngosi njengethongo,
Udla kanye njengegovu,
Kuyolamula umSamariya olungileyo.

Bambuka baqhiyamise impumulo,
Kukhonkotha ikhwapha esebuqamama,
Babodwa abamupha belahla,
Belahla imali emnyama ebasindayo,
Bamupha bemphekezela ngomphimiso.

Uzonda unomtobhoyi vilakazi,
Uphuhla liphuma lize lishalaze,
Kwampelasonto kayibonwa,
Amaholide abakhwekazi,
Nomnyama ewushaya indiva.

Ayikho inkomo yobuthongo.
Ulala emile njengesagila,
Unesineke sesiqomisi entombini.
Uhamba ebuya okwezulu eliqhwetshwayo.
Ucela amakhulukhulu engeHadebe,
Siyogcina isagila sihlangene nephithi.

Yeka mina onhliziyo hluthu!
Ongqongqoza kanye ashingile,
Afulathele angabheki emuva.

Linye ilanga lokuvuna,
Imivalo evaliwe ivulekile;
Nginomona ngenhliziyo yomfokazi.

Ekhaya mduka ndini!
UHulumeni ukhathele uyingcuba
Ngokucenta ungwengwe luvembuka
Okwekhwani lisikwa lihluma,
Usamemeza kwasha iphimbo,
Izintwala eziqaqele amadolobha.
Ngukhula olwehlula abahlakuli.

Ukuchazwa kwamagama

Indlala: ukwentuleka kokudla
Umphimiso: okukhishwayo
Ungwengwe: ukhula
Uhulumeni: uMbusi
Abahlakuli   abasusa ukhula

Imibuzo

1. (a) Usuke emi kanjani umuntu uma 'ephuhlile'?
   (b) Yini kuthiwe isipoki senxiwa siyisimbelambela?
   (c) Tomula imigqa emibili endimeni yesi-2, enesenzasamuntu.
   (d) Yini kuthiwe ithongo lidla ngosi?
   (e) Ngokwale nkondlo, kuchazani ukuthi: 'Ekhaya mduka ndini'?
2. Ungaphawula uthini ngesakhiwo sangaphandle sale nkondlo? Nikeza amaphuzu amahlanu.

Bawudunga Ngabomu

Siboniso Mdletshe

Zindlondlo bacathameleni besacambalele,
Bazovuka ebuthongweni bempoqabulungu,
Umthombo eniwubiyele ningaphezi,
Ngiqinisile namuhla awusaphuzeki,
Kuganga abawugange lwawo,
Singathini, ohlaba eyakhe akalelwa.

Phansi kwentaba iMpumulo,
Sikhule ugeleza, ucwebile,
Siphuza sizibuka kuwo,
Izizwe zonke ziwomele,
Namuhla usuzibhidibhidi.

Bawudunga ngabomu Nodumehlezi,
Lusengawuphuza nje uFasimba?

Sibambene nenyathi ngezimpondo,
Ngezabelumbi bathi bayawuyolisa,
Ze unambitheke kumankengane,
Nanxa ungathakiwe ngokwethu.

Bawudunga ngabomu Mgabadeli,
Isengawuphuza nje iNdlavini?

EyaseMadungeni ithini ngosudungekile?
Ibingeyiphake eyamaduna eMbube,
Itholane phezulu neyezihlabazulu,
Ezihlaba usentu obhukwini,
Iphuma ekhaphelweni lakwaNkululeko?

Bawudunga ngabomu Nowelamuva,
Lusengawuphuza nje uThulwane?

Nabaphisa ngawo sebeyabhacaza,
Sebephisa isalamama,
Kuthangi besiphiselwa iphindankezo;
Bayanyanyalata behubha imali,
Osalayo uphenduka iqaqa,
Ahlehle nyova engasenakuwuqaqa.

Bawudunga ngabomu Guqabadele,
Isengawuphuza nje iNgobamakhosi?

Ngabe yilumbo labelumbi,
Noma yinhlese yononhlevu?
Kumbe yinsila yamazemtiti?
Sebegiya kuphambane izinyawo,
Amalulwane ayansinsitheka, ayasineka,
Aphundulekile, amahlaya alala insila.

Bawudunga ngabomu Mamonga,
Usengawuphuza nje uVukayibambe?

Siyabancindisa isigodlo somayikayika,
Abayikazela ngeminyezane yezithukuthuku,
Basijeqeza basihashe ngendulo,
Ngejubane babange emenweni,
Kangiqanganisi, siyoyicela ivuthiwe.

45

Bawudunga ngabomu Nkayishana kaMenzi,
Isengawuphuza nje iNtabayezulu?

Abayizinhlava basithaphisa amaqhimiza,
Uju silugcine ngabayizolo,
Bangothwishi sebejiyelwe nokuthekela,
Igugu kungunginwaye kovilavoco,
Bakhumbuzeni, isihlalandawonye sidla amajwabu.

Bawudunga ngabomu Bhush'obukhali,
Usengawuphuza nje uMkhuphulangwenya?

Bahlambe ngodungekile baxhoshwa,
Baphondliseni nibakhombe kocwebile,
Baphuze kwehle nohlalwane,
Akusemaphimbo abo bahuzukile,
Belapheni, banohlanga lwakwaZondokwakhe.

Bawudunga ngabomu Mdlokombane,
Isengawuphuza nje iNala?

Maye, ngezithukuthuku zezingwazi!
Ezigwaze ngosiba ziphindelela,
Zivikela umthombo wezizukulwane, abawudungayo,
Bayothini koBhambatha kaMakhwatha?
Bayothini koMafukuzel' onjengezulu?
Bayothini koBulima Ngiyeke?
Abawudunge bodwa, bangiyeke!

Ukuchazwa kwamagama

Ukudunga: ukuxova
Amabomu: okwenziwa ngenkani
Abelumbi: abamhlophe
Ovilavoco: abavilaphayo
Izingwazi: abanqobile

Imibuzo

1. Uma ufunda le nkondlo, ungathi yini le 'abayidunga ngabomu'? Caphuna imigqa esenkondlweni osekela ngayo.
2. Ungayichaza ngokuthi iyini impindwa? Ngabe ikhona impindwa kule nkondlo? Uma ikhona, caphuna lokho okubona kuyimpindwa.
3. Yini uFasimba, iNdlavini, uThulwane; imbongi ekubalule kule nkondlo? Yisho igama elilodwa elisetshenziswayo uma kushiwo lokhu.

Izinyembezi Zomzali

Bongeka Langa

Ngizw' isililo nxazonke,
Omama bakhihla esikaNandi,
Obaba bazibambe ngezinkophe,
Umhlaba wembeth' usizi
Ngezinyembezi zomzali.

Noma sekunje, wayethembile,
Eyala, ekhulisa, ethembile
Ngethemba lesivun' esihle.
Namuhla ukhal' uyazithulisa
Ngezithukuthuku ezaphelela oboyeni.

Impela ithemba liyinkondlo yenhliziyo,
Nami ngangethembile,
Ngibon' osibanibani sebengaphesheya,
Kanti ngizishaya ngendlebe etsheni;
Namuhla owami usephenduk' umhambuma.

Namp' abanye beqhwakele egqumeni,
Namp' abanye beqombol' imimango,
Nami ngangithi owami uyobukela,
Nginethemba lempil' engcono;
Namuhla owami udliwe zindunduma.

Yebo, ngamhlahlel' emhloph' indlela,
Ngamhlomisa ngazo zonk' izikhali,
Ngamlolela izizenze namaklwa,
Waziphonsa kudukathole wehlath' elimnyama;
Namuhla owami usendlin' emnyama.

Yebo, imbenge ngase ngiyiphethile,
Sengilind' ukuzumeka kungifice,
Impela ngamnik' isisekelo sokuphila,
Wafika umbulali womhlaba;
Namuhla owami ungundabuzekwayo ezimbizeni.

Nganikela ngakho konke enginakho
Ngethemba lokuth' inkunzi isematholeni,
Ngathi sengigqolozele isivun' esihle,
Imimoy' enamandla yamphephula owami;
Namuhla owami ngimendlalel' othulini.

Owami waphulukundlela eziyalweni zami,
Wakhohliswa inkohliso yabakhohlisi,
Waba mdibi munye nomalugaju
Waphenduk' indlondl' enophaphe;
Namuhla owami ngimesabis' okwenyoka.

Owami owayenguzinyobulala
Nginesibopho sokumkhulisa ngeqiniso,
Ngamkhalima, ngambuyisa nangoswazi,
Walizond' iqiniso, wemuka;
Namuhla owami wendele kwanhliziyongiyise.

Owami ngamsusa inkung' emehlweni,
Ngamnik' ubhaqa lokukhanyisa,
Ukuz' angaduki ebudeni bendlela,
Ngathuk' esedidiyelwe nomhlambi kazalusile;
Namuhla owami usenguhobo wezidakamizwa.

Impela owami ngangimbhukulise, nkamfu,
Ngambek' endimeni yakomfundo,
Ngalindel' isivuno sekhab' elikhuthele,
Kude kude nomful' odl' izindwani;
Namuhla ushosha ngesihlalo.

Ukube… ngabe ngiyazibamba,
Ngizibambe zingaphumi mntanami,
Mhlawumbe ziphenduk' iziziba,
Zikukhukhule uyotheng' ilala;
Zize zikumemele kwelizayo.

Ukuchazwa kwamagama

Isililo: ukukhala okukhulu
Usizi: umunyu
Umhambuma: ongenakhaya
Isivuno: okuphuma ensimini
Ukushosha: ukuhamba ngezinqe

Imibuzo
1. Phawula ngokuhleleka kwezindima zale nkondlo.
2. Ake usho umqondo wokushiwo indima yokuqala neyesibili.
3. Tomula kule nkondlo lokhu okulandelayo:
   (a) Endimeni 7: Isaga
   (b) Endimeni 10: Isisho

Yahosh' Imamba

Aaron Maphumulo

Yizimpophoma,
Yimichachazo ephuzwe zinyoni,
Yimihosha nemigede yezinkelekehle,
Amagquma namawa nezingelengele.
Thatha Falaz' ummang' uyewukela,
UThukela nanto luyeza luyathululeka.

UThukela luyathukuluka lwehla ngohologo,
UThukela luyathombuluka luyasombuluka.
Luyangenisa, ludl' izindwani, lugol' izintethe,
Luthukuthele luthuth' izidindi, lutshath' izigodo,
Kunyony' umthakath' omdala wezigodo;
Lugil' imigilingwane selwedlul' eMangwaneni.

Yahosh' imamb' iyahaza, iyahubuluza,
Iphuza mngenela iphuza Mnambithi.
Izichitshana zoMnambithi' azinambitheki.
Iyagelez' iyatshuz' iyanqaphaza,
Bayoyibamba phansi le kwaNobamba.

UThukela lwethukile lugwinya kwasani,
UThukela lugwinya kwanyamazane,
UThukela lumimilita kwamhlwazimamba,
Lugwiny' uMtshezi kwagcwala neWembezi,
Lugudl' iSahlumbe sasala nhluzwa.
Iyahosh' imamb' ibheke phans' eMsinga,
Kusiphuk' izihlahla nemisingizane,
Sekunuk' ugudluthukela nensindwane.

51

Yahosh' imamba yezihlungu,
Yahosh' imamb' ehlul' izibiba,
Yahosh' imamba yanyaliza yanqaphaza.
Yedlule ngoMzinyathi kwagcwal' iziziba,
Yahosh' imamb' indlondlobashise.

Iqhamuke kwakikilig' iqhud' eQhudeni.
Kuvungam' iNkandla kwagcwal' iNsuze,
Isahosh' iTsunami iyewukela,
Igasele KwaShushu kwaze kwashushu,
Lathiba neTshe eliNtunjambili lanyukubala.

Imamb' idlule ngezamawub' ezaleni kwaMsholozi,
Kwaye kwasaphak' umlotha wemuka.
Umful' iMamb' using' eNingizimu,
Umful' uMambulu wasing' eNyakatho.
Lwahosh' uhalakasha lwedlula,
Lwahuba, lwatetemuka, lwaqholosha.

Nawe laph' eNdondakusuka suka,
Vel' uyeke phans' ukudonda,
Vuk' ukhoth' izibiba nant' uThukela.
Siyabukel' iSabuyaze sisinekile,
Iyamangal' iWotimat' inkemile,
Baqaphile bayizinqumbi kwaMaqumbi.
Nantuya lubhek' eZinkwazini zoThukela.
Imamb' ibuthisil' isibhek' olwandle,
Isiphenduk' isiziba sikamaminzela.

Ngaphansi kwengangamel' iJohn Ross
Lwazitshobelel' uThukela lwansondo,
Luyozilahl' olwandlekazi lwaKwaZulu.
Nkanyamb' ukhukhule kwamuntu, kwasilwane;
Ukhukhule kwamoto, kwasikebhe, kwasani;
Wakhukhula kwamizi, kwamizana;
Phansi ngolaka ndlondlobashise!

Ukuchazwa kwamagama

Imamba: uhlobo lwenyoka
UThukela: umfula
Ukukhukhula: ukuhambisa mawala
Izimpophoma: amanzi agelezayo
Ukungenisa: ukufika kwamanzi amaningi emfuleni

Imibuzo

1. Chaza ukuthi ngokuzwa kwakho okushiwo kule nkondlo, imbongi
   ikhuluma ngayiphi 'imamba' esihlokweni? Caphuna imigqa
   owesekela ngayo impendulo yakho.
2. Chaza lezi zimo zokukhuluma:
   (a) Ukugola izintethe
   (b) Ukudlula ngezamawuba
   (c) Ukubuthisa kwemamba
3. Endimeni yesi-5, tomula uhlobo oluthile lokuxhumana bese uyasho
   ukuthi hlobo luni lokuxhumana olutholile.

Mbali Yezimanga

Musawenkosi Jokana

Waqhakaza ngemibala ekhanyayo,
Wadons' amehlo abahehekayo,
Akugqolozela ezinhlamvini awangadela,
Alangazelela ukusondela uzowamoyizelela,
Abawuvali umlomo abakubonile,
Awuconsi phansi kwabakubonile.
Waqhakaza ngokuzidla Nontandakubukwa,
Waqholosha ngokuqhosha Nontandakubukwa.

Ngamakha waqhweba izinyosi zakuqaqela,
Nezimathintanyawo zazidela amathambo,
Zakubunganyela zasina zazibethela kuwe,
Zathi mbo, zamunquluza ubumtoti,
Wansinsitheka washaya ihlombe
Sengathi akwenzeke lutho;
Wagoba okomsenge ezimbuzini,
Waphola okwezithandani emthunzini.

Lapho liphuma ilanga liziphonsa kuwe,
Likuxhawule ngemisebe enemfudumalo,
Likumamathekele mbali enhle,
Lawakhahlel' amazol' akumbozile,
Umoy' opholile ukuntengisa ngesizotha,
Umoya ukugona, ukwanga;
Uma seliyozilahla kunina alikulibali,
Likugeza ube yisiphalaphala.

Ubumnyama bobusuku abukufiphazi,
Unyezi ukuphefumulela ngokukhanya,

Nabathubeleza kwesikabhadakazi bayakwazi,
Bakhangwa ukuthaphuka kwamakha,
Bababaza ubuhle bakho;
Nabeqiwe ngamanzi bayakutusa,
Bayakuteketisa bengeke bakuthinte,
Bakhala ngawe, mbali yezimanga.

Kwahlwa mbali, wahuqa ubuthongo,
Kwamnyama bhuqe, yakusibekela inkungu,
Ubukhazikhazi balutha ingqondo yakho,
Ubutatata bashabalalisa amaphupho akho,
Okwesikhashana kwaba ligugu kuwe,
Okwaphakade awakugqiza qakala,
Wangena kumele uphume,
Waphuma kumele ungene.

Wabuna mbali yezimanga,
Walinyathela ngesizotha elengabadi,
Waba nesikhwakhwalala kwababekuthanda,
Wanephunga leqaqa, bakuchizela,
Walotha, lothololo okwamalangabi;
Kwalibaleka ukuqhakaza kwakho,
Kwaphelela ezeni ukuzazi kwakho.

Bakuhleka usulu owawugqagqamuka nabo,
Bakushalazela owawutetemuka nabo,
Usumayoywana ungungubo ziy' eweni,
Usuyantengantenga okomhlanga emanzini,
Usufofobele okhukhweni,

Usungangabasemehlweni, kwembulwa kwembeswa
Usungumgodi onganukwa nja.

Awusaqhwebi nazinyosi,
Nezimvemvane azisakhangwa nguwe,
Sezikubuka zichize ukotshi,
Zindizele phezulu zingakunaki,
Izingadlwana zakho seziyakusinda,
Amehlwana akho aseyizingoxo,
Izwana lakho alisenamenaneli,
Umlonyana wakho usuyinkebelele,
Usubunile mbali yezimanga.

Ukuchazwa kwamagama

Ukuqhakaza: ukugqama
Ukuqholosha: ukugabisa
Izinyosi: izinambuzane ezikhiqiza uju
Imbali: isitshalo esiqhakazayo
Ukubuna: ukubhocobala

Imibuzo

1. Ikhuluma ngani le nkondlo? Caphuna imigqa owesekela ngayo impendulo yakho.
2. Tomula lokhu okulandelayo:
   (a) Endimeni yesi-5: ukuxhumana okumaphakathi.
   (b) Endimeni yesi-4: inzwa yokuhogela
   (c) Endimeni yesi-7: isisho

Kufa Kungani Ungafi?

Busie Maphumulo

Kufa, kawufanga ngokungafi,
Ukuba bewufa, abeyobe aphume nobovu,
Izidalwa beziyotshakadula njengamathole,
Lapho udlule khona kuyagobodiswa,
Izihlobo zithontelane zizobhonga emswanini,
Uqoqe imindeni yahlangana ngamakhanda;
Kwanukwana, kwavunyelwana ngomhlahlo,
Imindeni yahlomelana endlini,
Abagulelwayo ubenze bahlalel' ovalweni,
Kufa, uhlale ucuthele osibonwa ngokusa.

Kanti wena kufa kawugugi na?
Uthi kakukho sigodo saguga namagxolo aso?
Udedangendlale womhlaba wawokhokho
Ulele izinkedama zakho kufa.
Amaqhawe wawanqind' amandl' eNdondakusuka,
Ngamandl' anqob' izizw' eSandlwana,
Laph' ememeza engenqeni,
Ethi: "Uyadela wen' osulapho!"
Kufa, kungani ungafi,
Yingoba uvunyelwa yisikhathi?
Kawunabusika nahlobo?
Ungenis' emini kwabha,
Ungenise nakwesikabhadakazi.

Kufa awubonakali unjengempundulu,
Kuzwakala ngokuqhuma kwesililo
Sewedlule wanyamalala,
Kungab' eyakho imvelaphi ikuphi, kufa?

Kungenzeka unobudlelwano nabakhunkuli?
Kungabe unombimbi nababulali?
Kufa uyimpicabadala,
Ingani nabelaphi uyabasobozela,
Kawunqeni nokusobozela
Imibungu esabunjwayo.

Kufa, mgqilazi wamakholwa,
Nezoni zesaba umvuzo onguwe,
Emabandleni kukhulunywa ngawe,
Kucentwa indlela yakho mthakathi ndini;
Wena sikhondlakhondla esingabikezeli,
Ufika njengesela
Uthath' umfundisi, kusal' ibandla,
Uthath' umfundisi, kusal' abafundi,
Wathatha abazali, kwasal' izintandane,
Wagadla kuGoliyathi, kwasal' amaFilisti,
Wangenisa eSoweto kwasal' intsha,
Ngokugabadela e-Ellis Park, kwasal' abalandeli,
Ukanise ngezingozi zemigwaqo, wazuz' abagibeli.

Kufa kungani ungafi?
Muva nje usuyinsada,
Usungundabamlonyeni.
Owakuthela ngezibonkolo, wayiqal' inkathazo,
Sithi: "Maluju kufa!"
Sengathi uyinkunzi kayihlehli,
Inkunzi engabandlululi, ehlasela zonk' izinhlanga,
Sithi yobe kuwe, kufa kwasemandulo nokwanamuhla,
Ukuba bewuyithongo besiyothemeleza kuwe,

Sinxuse abaphansi ukuba basithayizele,
Izizwe zonke ziyalila ngawe,
Sithi: "Maluju kufa!"

Ukuchazwa kwamagama

Ukufa: ukushona
Ukuguga: ukuba mdala
Isililo: ukukhala okukhulu
Impicabadala: yinto edidayo
Undabamlonyeni: okukhulunywa ngakho kakhulu

Imibuzo

1. Ake ufundisise le nkondlo ikakhulu isigaba sokuqala bese utomula lokhu okulandelayo:
   (a) Imvumelwano maphakathi
   (b) Imvumelwano sigcino
   (c) Isifaniso
2. Chaza lezi zisho ezitholakala kule nkondlo.
   (a) Ukubhonga emswanini
   (b) Ukubona ngokusa
3. Tomula i-enjambamenti esendimeni yesibili.
4. Ngabe hlobo luni lwenkondlo lolu? Sekela impendulo yakho.

SinguZulu, SinguMageba

Sipho Mbatha

Vukani mankonyane kaNdaba sekusile,
Vukani sitshakadule kwelingafelwa nkonyane,
Vukani sivundis' ukuzigqaja kwesizwe,
Vukani sigiye ngamagam' esintu sikaNobantu,
Vukani siphimise isiZulu saKwaZulu,

Zolo lokhu besikinatelwe ngamaketango,
Besipheka besithulula ngesiBhunu samaBhunu,
Besiphenduphendula ngesiLungu sabeLungu,
Bethi bayasiphucula ngolimi lweNdlovukazi yamaNgisi,
Besephuc' ubuthin' obuyif' elingenakufa.

Vukani siphuz' ubulawu, siphalaz' izimfundisoze,
Esancindiswa zona zimpis' ezembeth' isikhumba semvu
Nxa sixephul' ubuthin' obuyigug' elingenakuguga,
Siyocasha ngasiph' isithupha koSibusiso Nyembezi?
Siyothayiza kuthayiza kuni koBhambatha kaMakhwatha?

Sebeyiphakil'oPhakimpi eyakwaNgqondonkulu,
Impi yokugubh' igolide likaNomfundo ngoLwebele,
Idubukele machwan' esizwe sika-Afrika,
Vukani sinwampel'uju oluconsis' amathe,
Ngamabhuku siyokwesulek' ubhici.
Ngihlab' inhlabamkhosi esigqikini sabalobi,
Klwebhani ngosiba lwesintu kudabuk' umhlabathi,
Kuqong' izinqolobane, kuphuphum' imiphongolo kubashicileli,
Siphuze amasiko nezinkambiso zendl'emnyama,
Sinwampel' izaqheqhe zamakhos' asendulo.

60

Yeka kwelakithi KwaZulu!
Babejula bejiya ngeshoba lokuziphungela,
Bebhung' ezobukhosi, behlanganis' isizwe,
Ngamaceb' obuciko bomlomo, zihaya izinyosi,
Zigida njengamathwas' ezigcawini zamakhosi.

Ziyasihlek' izinyoni zezul' ezabonwa yiLembe,
Nxa sijivaza esaluncel' ebeleni,
Mayihlom' ihlasel' eMtapweni Wolwazi,
Sifike siguqe, siphuz' imibhalo yabalobi
Ekhihlik' ingwebu yobugagu bezaga nezisho.

Vukani mankonyane kaNdaba sekusile,
Tshakadulan' amabombo siwabhekise kwelaseGcotsheni,
Siyoqinis' ukhakhayi ngezikhali zika-DBZ umnta kaNtuli,
Owaqom' ukuwaqeketh' amaqiniso ngesigqi sikaMageba,
Wagadla nasenkundleni yabalobi kwasal' imiyocu.

Ukuchazwa kwamagama
Ukuvuka: ukuyeka ukulala
Izimfundisoze: izimfundiso ezingamanga
UNomfundo: imfundo
OLwebele: ulimi lwasekhaya
Imibhalo: okubhaliweyo

Imibuzo
1. Gagula izinzwa ezintathu ezisetshenziswe kule nkondlo, ucaphune
    isibonelo enkondlweni.

61

2. Ake ugagule uhlobo lwesifengqo esiqukethwe yile migqa elandelayo.

(a) Vukani mankonyane kaNdaba sekusile.

(b) Zigida njengamathwas'ezigcawini.

(c) Vukani sitshakadule kwelingafelwa nkonyane.

3. Funda isigaba sesithathu bese utomula umugqa onesikhawu.

Idamukile Inkungu

Khulekani Dlamini

Uxolo mama, bewungazi,
Bewungazi, nami ngingumfazi njengawe,
Bewungazi, nami ngihlushwa njengawe,
Bewungazi, nami ngikhonjwa le nale,
Yobe, ntomb' endala idamukil' inkungu manje.

Uxolo mama, bewungazi,
Bewungazi, nami ngivuka kusempondozankomo ngigqigqizele,
Bewungazi, nami sengiwudlile owadliwa wu-Eva,
Bewungazi, nami nginelami ixhiba,
Yobe, ntomb' endala idamukil' inkungu manje.

Uxolo mama, bewungazi,
Bewungazi, bengithanda ukubuya ngamaholide,
Bengizothi ngiyaphi kundlovukayiphikiswa,
Bewungazi ukuthi ngilal' obenyoni,
Bewungaz' ukuthi nginqunyelwa okatiki,
Umqamelo wami sewaphenduk' usawoti,
Yobe, ntomb' endala, idamukil' inkungu manje.

Uxolo mama, bewungazi,
Bewungazi, nakimi bakhon' abathi mama,
Bewungazi, nami ngivele ngentamo kwezikaFaro,
Sengiphenduk' inhlekisa kontanga,
Yibon' abangifaka obishini,
Bethi bangifaka ezintweni,
Yobe, ntomb' endala, idamukil' inkungu manje.

Uxolo mama, bewungazi,
Bewungazi, ngike ngilale ngingazi ngiyovuka na,

Bewungazi, ngike ngilale ngaso sigcwele umoya,
Bewungazi, awondli mina kodwa wondla leli humusha,
Bewungazi, ngikwanhliziyo ngiyise hhayi emfundweni,
Yobe, ntomb' endala, idamukil' inkungu manje.

Uxolo mama, bewungazi,
Bewungazi, akukho ziqu lapha,
Besididizela nozakweth' emakhishini
Asesikhungweni semfund' ephakeme,
Sigqigqizelel' obaba mbumbulu,
Bewungazi, ngingumfazi uqobo eNyuvesi,
Xola ntombi endala, isize yadamuka inkungu.

Ukuchazwa kwamagama

Inkungu:	isithibezi
Ukudamuka:	ukuphela
Uxolo:	ukuhoxisa ukuthukuthela
INyuvesi:	isikhungo semfundo ephakeme
Ukugqigqizela:	ukutatazela

Imibuzo

1. Hluza le nkondlo ngaphansi kwalezi zihlokwana:
    (a) Okushiwo yinkondlo
    (b) Umoya wenkondlo
    (c) Isigqi senkondlo
2. Chaza lezi zimo zokukhuluma ezitholakala kule nkondlo:
    (a) Ukulala obenyoni
    (b) Ukuba sobishini

Ngambona eGroutville

Xolani Nxumalo

Mina ngambona eGroutville uLuthuli,
Emakholweni angakholwa,
Babethi akakholwa olwela okwakwabo,
Bethi okholiwe ngogobodisile okukamakoti,
Ethobele isiswebhu samaNgisi namaQadasi,
Evuma ngokuwahluthulelela indesheni amaQadasi.

Ingani ngambona eGroutville uMadlanduna,
Ecobelelana ngolwazi nezincithabuchopho,
Izincithabuchopho zakoMadiba,
Izincithabuchopho zakoSisulu,
Izincithabuchopho zakoTambo,
Izincithabuchopho zakoShenge.

Ngambona ngempela KwaDukuza u-Albert,
Esinga indiza enophephela emhlane,
Eyahlala cabababa, ngezansi komuzi kayise,
Kwaphuma ingqomondo yephumalimi,
Ngqomondo ndini ungowakoKennedy;
Oheheke ekwelaseMelika ngodumo lwakho.

Ngiqinisile, ngambona mina eMvoti uMvubu,
Eseshiye amasudi namapeni, etshethe igeja,
Nanguya emobeni esehlakula,
Sunguliyane inhlangano yabalimi bomoba,
Sunguliyane neyothisha futhi.
Nanguya kwelamaNoki eyoqheliswa ngeyokuthula!

Impela ngamelamela eGroutville u-AJ,
Egajwe wuthando lukaNokukhanya,
Nangu esexhakathiswe ngabakwaSidlodlo!
Nangu esequliswa amacala emajajini,
Nank' amajaji esemval' umlomo,
Nang' edlubulundela kunjalo ngosiba,
Uthi: "Dedelani abantu bami bahambe"
"Let my people go."

Ukuchazwa kwamagama

ULuthuli:	uChief Albert Luthuli
EGroutville:	eMvoti
Izincithabuchopho:	abafundile
Iphumalimi:	okhuluma ulimi lwesiNgisi
Usiba:	okokuloba

Imibuzo

1. Uma sibheka okushiwo yinkondlo, ungathi ikhuluma ngani le nkondlo? Chaza ngawakho amazwi ungeqi emigqeni eyishumi.
2. Chaza lezi zimo zokukhuluma ezitholakala kule nkondlo.
   (a) Ukuhluthulela indesheni
   (b) Ukucobelelana ulwazi
   (c) Ukudlubulundela
3. Caphuna umugqa kule nkondlo okhombisa ukuthi uMadlanduna wake wazuza indondo.

Dlozi Lami, Wenqabe

Bhekani Thabethe

Lapho imijojantaba yontuluntulu,
Lapho amaklwa nemikhonto,
Lapho izizenze nezimbazo
Ziloliwe, zibenyezela kuwububenyebenye;
Dlozi lami ungavumi,
Dlozi lami wenqabe.

Lapho izintelezi zichelwa ungochelwa,
Lapho amanzi amnyama ephehlisisiwe,
Lapho sekuququdwe, kwakhwifwa,
Lapho sekugovuzwe, kwancindwa, kwakhafulwa;
Wena dlozi lami, wenqabe.

Lapho sengicushwe ngamalumbo
Onsukumbili namahlung' akwangwane,
Ngigadlwa, ngezulu kuphamban' imibani,
Amaphukeshe nompunyumpunyu;
Wena dlozi lami, ubolokhu unqabile.

Laph' umugq' obomv' usudwetshiwe,
Kwathiwa la akasoze eqa,
Weqa, uyoyeqa kwampidlwana yakhe,
Alibangise kwagoqanyawo,
Phesheya kwethuna, kwakufa,
Wena-ke wenqabisise dlozi lami.

Lapho iliba lami selikhonjiwe,
Lapho igodi lami selimbiwe,
Sengibaliwe kwabangasekho,

Sengisuliwe emabhukwini anganeno,
Uze wenqabe, dlozi lami.

Nxa sebethi bathwala ngami,
Bengenza isayiyane sikamantindane,
Umkhovu nesimbamgodi soqobo,
Wena dlozi lami, unqabisise.

Ukuchazwa kwamagama

Idlozi:	ongasekho
Ukwenqaba:	ukungavumi
Kwagoqanyawo:	ekufeni
Iliba:	ithuna
Umantindane:	isilwane sabathakathi

Imibuzo

1. Fundisisa kahle le nkondlo ikakhulu isigaba sokuqala nesesibili bese ukhipha lokhu okulandelayo:
   (a) Isenzukuthi
   (b) Imvumelwano maphakathi
   (c) Ukuxhumana siqalo
   (d) Ukuxhumana maphakathi
2. Ungathi isigqi sale nkondlo sinjani? Chaza ukuthi usho ngani?
3. Funda umugqa wesine kule nkondlo bese ukhipha ifanangwaqa elitholakala kuwona.
4. Phinda uwubhale futhi lo mugqa wesine bese udwebela lokho okuyisikhawu kuwona.

Itshe Lesikhumbuzo

Mhlabuthini Hlengwa

Kule ntaba yesikhumbuzo sezingxotha zesizwe,
Sizophons' itsh' esivivaneni sogqozi,
Sivukuz' umhlabathi osuwamil' ingongoni,
Kula mahlungu ayeluhlaz' aseshazwe yishisandlu,
Sizonisel' izingxabo zosikisiki lwemisinsi yokuzimilela.

Sikhulekel' amathons' azochichimis' imifula,
Enayishiya igelez' amanzi okuphila,
Sishay' indesheni kini enasishiyela
Amakhubal' emisinga yogqozi.

Dlozi lezimbongi, isingenhla kwamadolo,
Silibale ubukhazikhazi sakhohlwa
Izaqheqhe zolozolo lezingxabo zesizwe.
Sidonswa yimisebe yelanga elingenampilo
Kwabemisinsi yengabadi.

Kulesi sigodi sosizi lwabakhungethwe ubuwula,
Sizokhwezel' inhlansi yogqozi,
Enayishiy' isilokoza kaluvindi.
Kuholobhe nezimpophom' ebezihaz' amagagasi
Osinga lwamakhubalo kaNomkhubulwane,
Sikhulekel' amanz' ezihosheni,
Esezaphenduk' ithombonkala.

Sizotshakadul' esithabathabeni samathafa
OMntimande noVilakazi.
Kungqabashiy' amathole eSilo,
Athi: "Ibambe ngakho!

Singedlal' izinkothangqoko zamambuka,
Ezisishay' indali kwabakhafulw' amadlambi,
Funa ziyoqom' ezweni labaqhoshe ngemali."
Yilo leli dungamuz' elasixabanisa
Nezingxabo zensika yamagug' akwethu.

Kule ntabamlilo yabanqindw' esihlokweni solimi,
Sizoshunqis' impepho yegqabho lokuziqhayisa,
Siphawul' amaguq' azohlab' usentu
Lapho sesimathambo mhlophe.
'Ze bangawakhwifi amaliba ethu;
Abacoshil' esakeni sebeyophonsa
Esiqabethweni sezizukulwane,
Izizukulwane ziphis' intundabebhekene.

Ukuchazwa kwamagama

Isikhumbuzo:	imuva
Izaqheqhe:	ukhilimu wobisi
Ugqozi:	umdlandla
Amambuka:	abalahla abakwabo
Intundabebhekene:	utshwala obudakana kakhulu

Imibuzo

1. Phinda ufundisise le nkondlo ikakhulu isigaba sokugcina bese utomula lokhu okulandelayo:
   (a) Imvumelwano siqalo
   (b) Ukuxhumana okutshekile
   (c) Isisho esisemgqeni wesithathu kulesi sigaba sokugcina.

2. Ngokubona kwakho ngabe isigqi sale nkondlo siyashesha noma siyacothoza. Usho ngani?

3. Endimeni yokugcina yimuphi umugqa oqukethe isenzasasilwane?

4. Bhekisisa lo mugqa otholakala kule nkondlo bese ukhipha okulandelayo:

    Sizotshakadul'esithabathabeni samathafa.

    (a) Ifanangwaqa

    (b) Ifanankamisa

Amajuba

Sipho Nene

Woza-ke sihambe sobabili jubantonto,
'Ze ube ngokhethiw' enhliziyweni kaThathekile;
Ukuze sihlale ekujuleni kukaThokozile,
Kuhle kwezingelosi zezulu phezulu,
Zon' eziphefumul' impil' engasenakubhubha,
Ngisho ekubhubheni kwesibili komhlaba.
Amawa nezintaba, ngisho namagquma aklabile,
Konke lokhu sokudundubala sikusobozele.

Uma ungikhombisa indlela yothando lweqiniso,
Lapho sihlezi phezu kwamadwala ezimpophoma,
Sigqolozele abafana bezikhaphela emadlelweni,
'Ze bakleze ubisi olunonophele banonophale,
Balalele izinyoni emdonini zicula lelo culo.
Siyokha amahlamvu omkhiwane,
Sifole uvovo kwangced' omhlophe,
'Ze sakhe inqanawe ekujuleni kwezimpande zothando.

Lapho sekugubh' ulwandl' oludephile,
Thina silalele kokwakhe lelo phupho,
Elingasoze lacisha sekucishe umphefumulo,
Umphefumulo uyokhonza ezweni lamathongo,
Amathongo ahlabelele ingoma yeziNyandezulu.

Kwanga ngikuchitha ngenhliziyo kaZakhi noJeqe,
Bekhululekile bebuka iziga zesibhakabhaka,
Lobu bubhedezane bomsingizane obuphakeme samkhathi,
Engikwakhela bona kule mizuzu yokuzuza umphefumulo,

Ngikubopha ngawo ukhalo, nkamfu,
'Ze sibe munye okwenyanda iboshiwe,
'Ze ungalibali yisimangaliso sento engikwakhela yona.

Kuleli shashalazi elidume ngokugudluza izithiyo zemvelo,
Woza-ke sihambe seluke ngokhalo lwakwadedangendlale.
'Ze ube ngothandiweyo wami siboshwe ngasibopho sinye,
Siyohuba leli hubo lemizwilili emibili kwamabili,
Kugide abafana bephupha, bezikhaphele zaklaba,
Sekuqhakaze leyo mini enhle kwadedangendlale,
Sothilileka ungothilileka emagcekeni akwazikhethele,
Kuhle kwamagagasi olwandle ephakama endlaleka.

Leyo njabulo ayinakuphikiswa muntu juba lenhliziyo,
Ngaphandle koNgikhona osezinzulwini zomoya wezulu;
Lokho kuphakama komsinga wamagagasi olwandle,
Olungenamkhawulo, esikaza isibhakabhaka phezulu.
Ayobuya etshuza njengekhwezi lokusa eMpumalanga,
Nathi siyophothana njengothingo lwenkosazana phezulu,
Siyobe sigcina lezo zimpande zothando ekujuleni,
Hawu! Jubantonto, inhliziyo ithi ndo ndo ndo!

Ukuchazwa kwamagama
Ijubantonto: uhlobo lwejuba
Uthando: ukukhonza
Ukukleza: ukusengela emlonyeni
Izinzulu: ekujuleni
Izimpande: izingxabo

Imibuzo

1. Chaza ukuthi la magama atholakala kule nkondlo asho ukuthini?
   (a) Ukukleza
   (b) Ukufola uvovo
   (c) Ukuklaba
   (d) Ukuthi nkamfu
   (e) Uthingo lwenkosazane
2. Khetha imigqa emibili esesigabeni sesibili enemvumelwano siqalo.
3. Nikeza izifengqo ezimbili ezehlukene ezitholakala esigabeni sokugcina kule nkondlo.

Ntombi yase-UKZN

A.T. Ndlovu

Gqezu ntomb'enegqabho!
Ntomb'enegqabho gqezu!
Zal'abantu ziy'ebantwini!
Ntombi yase-UKZN, unegqabho.

Nongenankomo uyayinwampel'indwamba,
Akukho ntombi yagan'inyamazane,
Noseyishayile, akakayosi,
Noseyosile, akakayidli,
Oseyidlile, udle icala.

Gqumushela okwegqumusha,
Ntomb'enegqabho,
Dlalisela kudidlazele udidla,
Kimina kusimze kuphithane
Imithovothi yenhliziyo kagovane,
Ntombi yase-UKZN, unegqabho.

Noma ungatshikiza tshitshi,
Ungibethele ikhwela ngomakhweyane,
Siyodibana bukhoma
Ethafeni kwangced'omhlophe
Ntomb'emhlophe
Okwezihlabathi zolwandle.

Ntombi yase-UKZN
Mide iminyaka nesikhathi
Ngizikhuhla kuwe ngehlombe,
Ngisimze ngibindwe isidwa,

Izinhlekabayeni zingihleke usulu
Lapho ngithi ngikuthanda ukubhubha.

Indlela eya kwaNtomb'enegqabho,
Idlula kwaMam' ongemama,
Idlula kwaNokubekezela,
Idlula kwaSikhuthali sengqondo
Lapho uVilavoco ebalisa ngekhwelo
Okwejuba libalisa phezu koMngeni.

Uma uya kwaNtomb'enegqabho,
Unyathela inkunzi kankunzana,
Ikugwaze izinyawo zibe ngamagqikolo,
Insizwa yansondo ihambe ibabayela.

Ntomb'enegqabho,
Sengodela ngoba usudadlaza
Emagcekeni kaHhashi elagijima
Lashiy' isihlalo, khona eBaswazini
Emzini kaKhencekhence, uMzimb'ukhal'imali,
USibamba siyaphula silibhubesi.
Mina nginguNhlabana beyiphika
Okuthi noma esehlabene
Bamphike bathi kahlabananga.

Ntomb'enegqabho ungabe
Usangigaxa ucu olumhlophe noluncombo,
Angisaludingi nolubukhwebezwane,
Kodwa sengilangazelele ucu
Olubomvu tebhu okomgwenya.

Ntomb'enegqabho yase-UKZN,
Ngigaxe ucu olubomvu tebhu,
Olwagaxwa ngamaqhawe o-B.W. Vilakazi,
Nasekhanda ngethwese ungiyane
Obomvu okwegazi likaJamludi,
'Ze ubambo lwenkabi ludliwe kwaNdlwana,
'Ze kuphel'igqabho ntomb'enegqabho.

Ukuchazwa kwamagama

Intombi:	itshitshi
Igqabho:	iconsi
UNokubekezela:	obekezelayo
USikhuthali:	okhutheleyo
Ungiyane:	okugqokwa amakhehla ekhanda

Imibuzo

1. Fundisisa isigaba sokuqala sale nkondlo bese ukhipha lokhu okulandelayo:

    (a) Ifanankamisa

    (b) Ukuxhumana okutshekile

2. Phinda ufunde isigaba sokugcina kule nkondlo bese usho ukuthi sikhuluna ngani?

3. Zimbili izifengqo ezakhe lenkondlo uma ubheka okushiwo yinkondlo. Yiziphi lezo zifengqo? Chaza ukuthi usho ngani.

4. Yini imithovothi le okukhulunywa ngayo kule nkondlo?

Kwenzenjani?

Nombeko Magubane

Yasabalala ingqondo yami,
Yajubalala imicabango yami,
Kwakhandelan' imizwa kimi,
Zathi pho, pho, pho izinyembezi,
Nxashana kubuy' usuku owatheleka ngalo
Ezweni likaPhunga noMageba.

Weza nezinhlung' ezingabekezeleleki,
Nesankahl' esangishiya ngitubeke, ngiphelile.
Wawungasadle nkobe zamuntu,
Kwakungath' ufuna bakudedel' uphume,
Uzibonel' izwe ababekufihlele lona
Izinyang' ezind' eziyisishiyagalolunye.

Angisoze ngalulibal' uxhaxha lwezintambo
Ezazixhunywe emzibeni wami.
Angikaze ngilibone ijuban' elingakaya,
Abahlengi nabahlengikazi belakanyana,
Beqonda ukuth' ukufika kwakho
Kwakungase kungiyise kwagoqanyawo.

Watheleka qhawe lamaNdosi.
Wabingelel' umhlaba ngezinyembezi,
Waqandula waze waba nesilokozane,
Ubuqanduqandu basabalal' igumbi lonke.
Kwathi sebekubek' esifubeni sami,
Kwakhulum' igazi, wathula cwaka.
Wakhula kahle ndlalifa yamaKhumbuza,
Ushintsh' imibala kuhle konwabu.

Wawukhanya ngebala kwezigqamile,
Ujik' ube nsundu kwezinesizotha.
Kwakuyintokozo yodwa ukukubon' ukhula,
Amathemb' edlondlobala nokukhula kwakho.

Ngikhumbul' usuk' owaqala ngal' esikoleni,
Uyisithonjana nepotimend' elaliluhlaz' okwesibhakabhaka,
Isikhinjana nehemb' elimhlophe kukulingana
Sengathi babekwakhel' emzimbeni wakho,
Injabulo nesasasa kwakubhalw' ebusweni,
Engabuzw' umunt' olambel' ulwaz' olunzulu.

Waba yingqwele ezifundweni,
Wabashay' emakhand' ontanga yenu,
Waphenduk' isilomo negugu kothisha
Ngenxa yamagalel' akh' ayenomfutho,
Izimbangi zonke zabhincela nxanye,
Amathe abuyela kwasifuba.

Wadl' ubhedu kunobhutshuzwayo,
Wadlala baze bakwetha izibongo,
Bath' ungumpunyumpunyu, uphunyuka bemphethe;
Ababekukhinyabeza wawubashiya benkemile,
Usubajike washaya wachitha nebhola,
Baze balibone seliduma phakathi.

Wazenzel' udum' emidlalweni yeshashalazi,
Waba nezinkumbi zabalandeli;
Wawunekhono elingandile,

Elalishiya nothisha benkemile,
Abafundi basale bekhungathekile,
Bemangazwe amakhono owawunawo.
Wawugabe nangobumbodlomane,
Eyayibhodla kudum' imifula nemihosha,
Iphume ilandelan' imiklomelo yokunqoba,
Basale bebamb' ongezansi abancintisana nawe,
Zehl' izihlathi kwabanomona,
Kudum' ihlombe kwabakuhalaliselayo.

Usuk' engagez' izandla ngalo,
Kumhla uqokelw' ukuyodlal' eKapa lodumo.
Wandizel' emafini qhawe lamaNdosi,
Into eyayingakaze ibonwe esizweni;
Sathi sisabamb' ongezansi,
Sabon' usuthushuka kumabonakude.

Ubuyiqhathanzipho, umangobe uqobo lwawo,
Esakh' isicathulo besizibuka kuso,
Iyembe limhlophe njengeqhwa,
Uhamba sengathi umhlab' uyawenyanya.

Pho, sekwenzenjani Khumbuza wami?
Sekwenzenjani themba lamaNdosi?
Konakele kuphi ndlalifa yakoMagaye?
Kungani usuphenduk' ikhehla ebunsizweni bakho?
Wamayoywan' okomunt' ovithizwe zimvula zehlobo?
Wavumel' izidakamizwa zasina zazibethela kuwe?
Wazidel' amathambo ngezinto ezingabuyiseli?

Sengilala ngicamel' emgodleni wonsumbulwana,
Sewuphendule nomuzi kayihlo isisulu sabaphangi,
Kwagumbi lakho selingumgede wezidakamizwa;
Usuphenduk' ihlongandlebe, inyamazane kwabomthetho.
Noma kunjalo, useyilo ithemba lamaNdosi.
Khumbul' imvelaphi yakho ndodana.
Guqula unyawo lwakho.

Ukuchazwa kwamagama

Izinhlungu: iminjunju
Kwagoqanyawo: ekufeni
KwaNdosi: kwaCele
Konakelephi?:   ikuphi inkinga
Ithemba: lokho okukholelwa ukuthi kuzophumelelisa

Imibuzo

1. Fundisisa le nkondlo ikakhulu isigaba sokuqala bese ukhipha lokhu:
   (a) Imvumelwano siqalo
   (b) Ukuxhumana siqalo
   (c) Isenzukuthi
   (d) Impindamqondo
2. Usuke enjani umuntu uma sithi:
   (a) Akasadle nkobe zamuntu
   (b) Usibhincisela nxanye
   (c) Usishiya sikhexile
3. Yakha imisho usebenzise la magama sibone ukuthi uwaqonda
   kangcono.
   (a) Iqhathanzipho
   (b) Ihlongandlebe

Iziyalo Zikamama

Nompilo Mnyandu

Ngizwa isililo emagqumeni
Nasemathafeni ubumayemaye,
Omame bayalila,
Ukufa kugadla kuphindelela,
Nobani ukhala esakhe.

Omama bethu bazalela inhlabathi,
Bangcwaba thina nje, bayongcwatshwa ngubani?
Ongazele ukhala esobunyumba,
Ozele ukhala esokufelwa;
Mihla namalanga kuyambiwa,
Kumbelwa intsha yase-Afrika.

Kumbelwa amagugu e-Afrika,
Amagugu angasenakumbiwa
Avunjululwe ahlobise i-Afrika;
Ngizalelwe ehlazweni lamalungelo
Ashabalalisa ukuzigqaja kwami
Ngobuntombi bami.

Ubuhle bami buyiz' emehlweni ababusi,
Buyigolide nedayimane,
Emhlabathini enginyathela kuwo,
Ngikhosela kulo lingivikele
Emalangabini omlilo wokushiswa
Igazi lifuna injabulo yenyama;
Injabulo yesikhashana engenanzuzo
Kuphela ukukhala nokugedla kwamazinyo.

Noma sebelibek' amabala igolide,
Besho ukuwuqeda nya umkhosi woMhlanga
Isiko liyaphila kimina,
Nami ngiphila kulona
Ngalihabula ngiseyihlule ngivundle
Esibelethweni kumame, langihaqa.

Njengomoya wethongo
Ngagaqa ngobunono bentombi,
Ngacathula ngesizotha sentombi
Ihloniph' isizwe sikaPhunga noMageba,
Kakade ihlonipha nala ingeyukwendela khona.

Ngibong' angiphezi mama
Ngesandla esiqinile ongikhulise ngaso,
Ngeziyalo nomthetho wokuziphatha,
Ngihluke kontang' abaphanga umdaka
Linganile, baze bathol' iziqalekiso
Zika: 'Hamba juba bayokuchutha phambili.'

Noma ngingedlula emhlabeni,
Ngilale umlalela wafuthi,
Angingabazi, nezezulu izingelosi
Zongamukela ngengubo
Emhloph' ecolekileyo,
Embathisw' amaqhawe anqobe
Inkanuko yenyama ephila enyameni,
Aqoma ukuthithibaliswa yiziyalo zabazali.

Ukuchazwa kwamagama

Isililo: ukukhala okukhulu

Isiko: inqubo eyamukelekile

Ithongo: ongasekho

Iziyalo: izeluleko

Iziqalekiso: izinsongo

Imibuzo

1. Tomula izisho ezintathu ozithole kule nkondlo.
2. Phinda utomule izaga ezimbili ozithole kule nkondlo.
3. Fingqa le nkondlo ngawakho amagama ungeqi emigqeni emihlanu.
4. Bhekisisa isigaba sesibili bese utomula imigqa enalokhu:
   (a) Ukuxhumana maphakathi
   (b) Ukuxhumana okutshekile

Amanothi

Ubuciko Bokuhluza Izinkondlo Zesimanje

Isingeniso

Uma kukhulunywa ngokuhluza inkondlo kusuke kukhulunywa ngokucubungula izinga lobuciko obusetshenziswe yimbongi ekubhaleni inkondlo. Ngamanye amazwi kusuke kubhekwa izithako nezinongo ezenza sithi inkondlo yinkondlo. Asize singasho ukuthi inkondlo yinkondlo nje kuphela ngoba nakhu kunamagama ayimigqa elandelanayo eyakha ibinza noma isitanza. La magama nale migqa kusuke kufanele kuqukathe okuthile noma kubekwe ngendlela ethile ecokeme futhi ehlukile endleleni yokukhuluma kwansuku zonke okuvamile. Yilokhu kucokama-ke okwenza sithi konke lokhu kuyinkondlo.

Ukuhluza kubalulekile emsebenzini wobunkondlo ngoba phela inkondlo ibhalwe ngolimi lobunkondlo; hhayi lolu esilusebenzisa nsuku zonke olubizwa ngolimi lwephrozi kwezobucikomazwi. Yingakho-ke inkondlo kudingeka ukuba ibhekwe sakuyihlambulula, kuhluzwe kuvovwe kuyo ulimi lobunkondlo, ibuyiselwe olimini olwejwayelekile. Lokhu-ke kungukuyihluza.

Ziningi kakhulu izinto ezingase zibhekwe uma kuhluzwa inkondlo. Empeleni kuya ngokuthi umhluzi usebenzisa yiphi injulalazwi yokuhluza. Kuleli qoqo sizohluza ngokusebenzisa indlela yokuhluza egxile esakhiweni senkondlo. Makugcizelelwe ukuthi akulula neze ukugeqa amagula ngakho konke okungase kubhekwe uma kuhluzwa inkondlo. Lapha sizophawula ngezihlokwana ezimbalwa nje, sikhethe amabala. Sizoke siqale ngokusika elijikayo nje siphawule ngezinhlobo zezinkondlo ngaphambi kokuba sixoxe ngesakhiwo senkondlo.

Izinhlobo zezinkondlo

EsiZulwini izinkondlo zehlukaniswa ngezinhlobo ezimbili ezigqamile: izinkondlo zomdabu nezinkondlo zesimanje.

Izinkondlo zomdabu

Lezi yizinkondlo osekulokhu kwathi nhlo amaZulu acikoza ngazo. Ngamanye amazwi lezi zinkondlo zitholakala kusuka emandulo, ubucikomazwi bungakabhalwa phansi futhi zingakaqanjwa izinkondlo ngokulandela ukunkondloza kwezimbongi zaseNtshonalanga.

Ziningi-ke izinkondlo ezingena ngaphansi kwezinkondlo zomdabu: imilolozelo, izithakazelo, izangelo, izibongo, njalo njalo. Kuleli qoqo azikho izinkondlo zomdabu; ngakho-ke kasizukukhuluma kakhulu ngezinkondlo zomdabu.

Izinkondlo zesimanje

Lezi yizinkondlo ezibhalwa phansi futhi esezilandela umgudu wokunkondloza kwaseNtshonalanga. Zehlukene kaningi nazo kodwa sizobala izinhlobo ezimbalwa nje ezitholakala kuleli qoqo.

Izinhlobo zezinkondlo

Njengoba sesishilo, ziningi kakhulu izinhlobo zezinkondlo. Inkondlo imvamisa ihlukaniswa ngokwendikimba yayo noma ihlukaniswe ngokwesakhiwo sayo. Sizoke siphawule ngalezi zinhlobo ezimbalwa:

I-odi

Lolu hlobo lwenkondlo luhlobene kakhulu nezibongo ngakho lwande kakhulu ezinkondlweni zesiZulu. Kulolu hlobo lwenkondlo kugqama kakhulu ukutusa; kungaba ukutusa okuphilayo noma okungaphili. Izimbongi zesiZulu kazisazikhathazi kangako ngokunamathela kakhulu kulokho okuqhakanjiswa njengezimpawu ze-odi: imvumelwano sigcino kanye nemitha. Ama-odi amaningi esiZulwini abhalwa ngendlela evulekile noma ekhululekile. Kuyaye kube sekugqama kakhulu umoya wokutusa noma ukubabaza ubugugu balokho okuhaywa ngakho yinkondlo.

Kuleli qoqo nje zikhona izibonelo ze-odi. Esinye sezibonelo inkondlo ethi **Izigi Ze-UKZN**. Kule nkondlo imbongi ibabaza ukubaluleka kwesikhungo semfundo ephakeme i-UKZN. Siyabuthola futhi ubu-odi enkondlweni ethi **Luhlobile Mageba** lapho imbongi itusa ubumtoti bolimi lwesiZulu.

Ilirikhi

Kule nkondlo imbongi isuke ithulula, yeneka obala imizwa yayo. Kuvamile ukuba kuthiwe yinkondlo yothando lena. Noma kungasabanga wuthando ngqo kodwa imbongi isengayiveza imizwa yayo yenjabulo; ngisho nosizi nomunyu okubangwa yilokho esuke ibhala ngakho. Ziningana izibonelo zamalirikhi kuleli qoqo. Singabala nje inkondlo ethi **Lunjalo Uthando**. Kwasihloko siyazisho nje ukuthi lapha imbongi ibalisa ngothando nobunjalo balo.

I-eleji

Lolu hlobo lwenkondlo luwuhlobo olungolwesililo lapho imbongi isuke ibalisa khona ngothile, ikakhulukazi osewashona. Kuye kuvele enkondlweni ukuthi lowo okubhalwe ngaye ubeyigugu kanjani; kokunye kuze kuvele ngisho ukuthi washona kanjani. Isibonelo esihle se-eleji kuleli qoqo yileso senkondlo ethi **Kufa Kungani Ungafi**. Kule nkondlo imbongi ikhihla isililo, ibalisa ngemisebenzi emibi yokufa lapho kugadla khona yonke indawo kungabi namahloni.

Inkondlo elandisayo

Njengoba igama lizisho, le nkondlo iyalandisa. Isithatha isibeke ngamehlo engqondo kusukela ekuqaleni kuze kuyofika ekupheleni kwalokho imbongi ebhale inkondlo ngakho. Imbongi ingase ilande ngezigameko ngokulandelana kwazo; kokunye ihlukanisa izigameko ngokwesihlokwana esikhuluma ngaso. Ngokwesibonelo ingase iqale ngobuqhawe bomuntu bese isivezela izigameko zobuqhawe bakhe esekhulile ngaphambi kokuba isivezele ukuthi wazalwa nini, ngaphansi kwaziphi izimo. Inkondlo ethi **Ngambona EGroutville** iyisibonelo esihle senkondlo elandisayo. Kule nkondlo imbongi isethulela impilo kaLuthuli neqhaza alibamba eNingizimu Afrika.

Isakhiwo senkondlo

Uma kuhluzwa inkondlo ngokubheka isakhiwo kusukwe kubhekwa konke okutholakala enkondlweni. Isakhiwo-ke yizo zonke izicubu namathambo okusetshenziswe yimbongi ekubhaleni inkondlo. Njengoba nje umakhi esebenzisa izitini, usimende, okokufulela, njalo njalo uma akha indlu; nembongi nayo ibekelela isoyi nesoyi ize iyifulele iyiphethe inkondlo yayo. Lokhu-ke kubizwa ngesakhiwo senkondlo.

Isakhiwo senkondlo sehlukene kabili. Kukhona isakhiwo sangaphandle kanye nesakhiwo sangaphakathi.

Isakhiwo sangaphandle

Isakhiwo sangaphandle yilokho okubona kuphambi kwakho ekhasini eliqukethe inkondlo. Isakhiwo sangaphandle yisona esihlonza ukuthi inkondlo iluhlobo luni. Ngamanye amazwi singathi nhla kanye ekhasini, sibone isakhiwo sangaphandle bese sithi le nkondlo iyisonethi ngoba sesibale imigqa yayo eyishumi nane. Kokunye siyibone ingamakhasi ngamakhasi bese sithi iyi-ephikhi. Isakhiwo sangaphandle senza ohluzayo akwazi ukuphawula ngenkondlo ngisho ibhalwe ngolimi angalwazi. Ngamanye amazwi umhluzi ongasazi isiLathini noma isiGriki angase akwazi ukusho okuthile ngesakhiwo senkondlo ebhalwe ngalolo limi ngokubuka nje kuphela isakhiwo sangaphandle. Ngokwesibonelo, angase ayibone imvumelwano noma ukuxhumana ngisho engalwazi ulimi okubhalwe ngalo inkondlo leyo.

Ake sibheke ukuthi yikuphi okutholakala esakhiweni sangaphandle senkondlo.

Isihloko

Isihloko yilokho imbongi eqambe ngakho konke ekusho enkondlweni. Isihloko singathi yigama lenkondlo eliqanjwa yimbongi. Isihloko yisona esikuhehayo sikuqhwebe ukuba ufunde inkondlo. Uma isihloko singahehi ungase ungazihluphi ngokufunda inkondlo. Isihloko esihle kuba ngesibekwe ngamagama ambalwa adle ngokunemba. Sisengaba yigama elilodwa kuye kwamane. Uma seseqa emagameni amane sisuke sesiyiphunyukile imbongi saphuma olimini lobunkondlo, satshekela olimini lwephrozi oluyinkulumo evamile nje. Kuleli qoqo izihloko ziyashiyashiyana ngobude. Lokhu kwenziwa ngukuthi imbongi inekhono lokucikoza nokubeka izinto ngezindlela ezahlukahlukene.

Isihloko esihle kufanele senze umfundi afise ukwazi ukuthi kazi imbongi izobe ithini enkondlweni. Imbongi eyiciko ivame ukusebenzisa isihloko esingumbuzo ukuze yakhe ilukululu kumfundi lokufisa ukwazi ukuthi kazi kuzothiwani enkondlweni. Siyakuthola lokhu enkondlweni ethi: **Ngingubani Wakwabani?** Zisuka nje sikhangwa futhi simangazwe ngukuthi ngabe isho bani imbongi uma ibuza kanje. Lokhu kusenza silangazelele ukuyifunda le nkondlo.

Izindima

Uma sikhuluma ngendima yenkondlo sisho amagama nemigqa okwakhiwe ngayo inkondlo. Abanye bakubiza ngebinza noma isitanza lokhu. Kayikho-ke inkondlo engenayo indima. Ukuthi inkondlo inezindima ezingaki kunqunywa wuhlobo lwenkondlo nobungako balokho imbongi efisa ukukusho. Ngamanye amazwi inkondlo ingaba nendima eyodwa qhwaba futhi isengaba nezindima eziyikhulu. Uma kubhalwa inkondlo amagama akha umugqa bese kuthi imigqa yona yakhe indima noma isitanza. Siyakuthola lokhu enkondlweni ethi:

Sengiphela Amandla:

    Kukude emuva, kukude phambili,
    Kuluvindi phambili, kuyakhanya emuva,
    Ngibathe ngiyasinga akusingeki,
    Ngibathe ngiyasinga kunqundeka amehlo,
    Ngigqolozele isithabathaba esingenamkhawulo,
    Ngihubha utalagu,
    Sengiphela amandla.

Uma sesihluza inkondlo sisuke sibheka ukuthi imbongi iwabumbe yawahlela kanjani amagama nemigqa enkondlweni yayo.

Imvumelwano

Amagama nemigqa enkondlweni kungase kuhlelwe ngendlela yokuba kwakhe imvumelwano ethile. Le mvumelwano yiyona ekhanga amehlo uma sifunda inkondlo ngokunjalo ikitaze indlebe lapho silalele kuhaywa inkondlo. Imvumelwano yakhiwa amalunga afanayo emigqeni elandelanayo; kuye ngokuthi akuphi enkondlweni. Uma esekuqaleni kwenkondlo kuthiwa **imvumelwano siqalo**, aphakathi nenkondlo kuthiwa **imvumelwano maphakathi** kanti lawo asekugcineni kwemigqa yenkondlo kuthiwa **imvumelwano sigcino**.

Imvumelwano siqalo

Njengoba negama layo lizichaza, lena yimvumelwano etholakala ekuqaleni kwemigqa elandelanayo enkondlweni. Ake sibheke nasi isibonelo enkondlweni ethi:

Zithibelene Kuleya Nkundla:
> Zicije zonke zibheje ulaka zihlaba usentu,
> Zithelwe ngezibonkolo zachelwa ngentelezi,

Imvumelwano maphakathi

Lena-ke yimvumelwano etholakala maphakathi emigqeni elandelanayo yenkondlo. Ake sibheke nasi isibonelo enkondlweni ethi: **Kufa Kungani Ungafi?**

> Ukuba bewufa, abeyobe aphume nobovu,
> Izidalwa beziyotshakadula njengamathole,

Imvumelwano sigcino

Kokunye imigqa yenkondlo elandelanayo ingase iphethe noma igcine ngemvumelwano. Ake sibheke nasi isibonelo enkondlweni ethi: **Zidla Inkotha**.

> Kulezi ezimbili ezihlezi laphaya.
> Ziyinkukhu nempaka kulabaya,

Kulezi zibonelo zemvumelwano sibonile ukuthi amalunga angase alandelane kanjani bese kwakheka imvumelwano emnandi. Imbongi enekhono kayiyiphoqi imvumelwano ngoba lokho kwenza ukuba inkondlo ingabe isashelela futhi nomqondo wayo ulahleke. Kulezi zibonelo ezingenhla sithola imbongi iwakhethe ngobunono amalunga akha imvumelwano iwenza avumelane kamnandi ngaphandle kokuphoqwa.

Ukuxhumana

Ukuxhumana kwakhiwa amagama afanayo emigqeni elandelanayo; kuye ngokuthi lawo magama akuphi enkondlweni. Nakho ukuxhumana kuyayihlobisa inkondlo ububone ubuciko bembongi uma uyifunda inkondlo yayo kuthi nalapho ihaywa inkondlo ukuxhumana kwenze umculo omnandi endlebeni.

Ukuxhumana siqalo

Lokhu ngukuxhumana okusekuqaleni kwenkondlo lapho imbongi iqalisa khona ngamagama afanayo ekuqaleni kwemigqa elandelanayo. Ake sibheke izibonelo zokuxhumana siqalo enkondlweni ethi: **Yahosh' Imamba**

> <u>Yahosh</u>'imamba yezihlungu,
> <u>Yahosh</u>'imamb' ehlul' izibiba,
> <u>Yahosh</u>' imamba yanyaliza yanqaphaza.

Ukuxhumana maphakathi

Lokhu kuxhumana kwenzeka maphakathi nenkondlo lapho imbongi isuke isebenzise khona amagama afanayo emigqeni elandelanayo. Nasi isibonelo sokuxhumana maphakathi enkondlweni ethi: **Mbali Yezimanga**:

> Wangena <u>kumele</u> uphume,
> Waphuma <u>kumele</u> ungene.

Ukuxhumana sigcino

Kuyenzeka imbongi igcine ngamagama afanayo emigqeni elandelanayo. Lokhu kube sekubizwa ngokuxhumana sigcino. Isibonelo salokhu sisenkondlweni ethi:

Ngingubani Wakwabani?

> Zihambe izinsuku <u>lukhona</u>,
> Agijime amasonto <u>lukhona</u>,

Ukuxhumana okutshekile

Ukuxhumana okutshekile noma okuyinxemu kwenzeka lapho imbongi isebenzise igama ekugcineni komugqa bese iqalisa umugqa olandelayo ngegama elifana nalelo ebigcine ngalo. Siyakuthola lokhu enkondlweni ethi: **Iziyalo Zikamama**.

> Mihla namalanga <u>kuyambiwa</u>
> <u>Kumbelwa</u> intsha yase-Afrika.

Ifanangwaqa nefanankamisa

Kuyenzeka enkondlweni kube nomugqa noma imigqa elandelanayo enemisindo ethi uma iphinyiswa izwakale ukuthi iyefana. Le misindo ingafana ngonkamisa bese kuthiwa: ifanankamisa noma ifane ngongwaqa, bese kuthiwa ifanangwaqa. Lokhu kusho ukuthi kufanamsindo singaba nefanangwaqa noma ifanankamisa. Siyasithola isibonelo sefanangwaqa enkondlweni ethi: **Itshe Lesikhumbuzo**.

> Sizotshakadul'esi<u>thaba</u>thabeni sama<u>tha</u>fa.

Kanti isibonelo sefanankamisa sona siyasithola enkondlweni ethi: **Ntombi Yase-UKZN**.

> Z<u>al'aba</u>ntu ziy'eb<u>a</u>ntwini.

Impindwa

Lokhu kwenzeka uma imbongi ide iphindaphinda imigqa ethile efanayo ezindimeni zenkondlo yayo; kungaba sekuqaleni, maphakathi noma ekugcineni kwezindima. Lokhu isuke ikwenza ngenhloso yokugcizelela iphuzu elibalulekile eliqukethwe yinkondlo. Enye inhloso kungaba okwenza isigqi esakhiwa ngukuphindaphindwa kwamagama noma imigqa ethile. Enkondlweni ethi: **Nompucuzeko** kuzo zonke izindima imbongi ilokhu iphinda igama elithi:

Nompucuzeko

Lokhu kuphindaphinda kwenza sicace kahle isithombe imbongi esivezayo sobubi obufike nempucuzeko.

Isakhiwo sangaphakathi

Isakhiwo sangaphakathi siqukethe lokho okutholakala kuphela uma usuyifundile inkondlo, hhayi ngokuyibuka nje. Lokhu kusho ukungena ujule kuyo ufuna ukuthola okushiwo yiyo ngokuyihluza, uyihlaziye, usuyibuka ngolimi lwephrozi, hhayi ngelobunkondlo. Lokhu singakufanisa nokuthela amanzi kulokho okusuke kushubile ukuze kuthi ukuhlambuluka kube lula.

Kunjalo-ke nasenkondlweni uma siyihluza; kusuke kuyimizamo yokuyihlambulula ibe lula, iqondwe yiwo wonke umuntu. Isakhiwo sangaphakathi sidinga ukuba umuntu aluqonde kahle ulimi okubhalwe ngalo inkondlo ukuze akwazi ukubona izithako eziye zibhekwe uma sekuhluzwa. Uma-ke sihluza inkondlo ngokwesakhiwo sangaphakathi sibheka lokhu okulandelayo:

Okushiwo yinkondlo noma umqondo wenkondlo

Lapha kusuke kubhekwa ukuthi ithini imbongi enkondlweni. Ngamanye amazwi inkondlo silindele ukuba siyiqonde ukuthi ithini futhi siwuzwe nomqondo ewuqukethe. Umqondo wenkondlo ungase uhlukaniswe ngokuthi usobala noma ujulile. Kuyenzeka inkondlo ibe nomqondo owodwa noma iyixube yomibili.

Umqondo osobala

Lona ngumqondo ocacile inkondlo esiyifunda kanye nje bese siwuthola. Lokhu imvamisa kwenzeka uma imbongi isebenzise ulimi olulula oluqondakala kalula noma ikhuluma ngento ecacela noma ngubani. Ngakho-ke umqondo osobala singase sivumelane ngawo sonke uma sesiyifundile inkondlo. Ukuthi inkondlo inomqondo osobala akusho ukuthi akusenkondlo yalutho leyo kodwa nje kusho ukuthi nanxa imbongi icikoze ngamangwevu aphakeme kodwa siyakuzwa konke ekushoyo. Singenza nje isibonelo ngenkondlo ethi: **Lunjalo Uthando**. Kasikho isidingo sokuchazelwa ukuthi le nkondlo ikhuluma ngothando kanye nezimanga zalo. Siyabuthola nokho ubuciko obucokeme uma sesiyifunda.

Umqondo ojulile

Kuyenzeka nokho siyifunde inkondlo siwuthole umqondo osobala kodwa sibuye sibone ukuthi imbongi isho okungale kwalokhu okusobala. Umqondo ojulile siwuthola uma sesiyifundisisa inkondlo, singakhi nje ngaphezulu. Ngenxa yokuthi izimbongi zingamaciko, kuvamile ukuba izinkondlo zazo zibe nomqondo ojulile. Umqondo ojulile kawusho ukuthi kufanele singayizwa inkondlo ukuthi ithini; kunalokho usho ukuthi imbongi isembulela okujulile kunalokhu thina esingezona izimbongi esikubonayo noma esikuqondayo. Lokhu siyakuthola enkondlweni ethi: **Zithibelene Kuleya Nkundla**. Kule nkondlo imbongi ikhuluma sengathi yizinkunzi esezilungele ukulwa okukhulunywa ngazo. Uma sesiyifundisisa nokho inkondlo kuyacaca ukuthi imbongi ijulile kunalokhu esikubonayo. Kayikhulumi nje ngezinkunzi ezilwayo kepha ikhuluma ngosopolitiki abalwayo ephalamende.

Indikimba yenkondlo

Lapha kubhekwa lokho okungumongo noma inhliziyo yokushiwo yinkondlo. Lokhu sithatha ngokuthi yikho okususe phansi imbongi yabhala. Ziningi izindikimba imbongi engase ibhale ngazo. Indikimba evamile ngeyothando neyokufa. Lokhu kwenziwa ngukuthi lokhu kokubili kuyithinta ngokujulile imizwa yesintu esivamile kanye nezimbongi. Kuvamile futhi ukuba izinkondlo zibe nendikimba yezindawo ezingamagugu embongini. Isibonelo kuleli qoqo yinkondlo ethi: **Ngambona EGroutville**. Kule nkondlo kubongwa kunconywa iqhaza elabanjwa yiNkosi u-Albert Luthuli ekulweleni abantu abamnyama ebe ezalelwe endaweni yaseGroutville.

Umyalezo wenkondlo

Kule ngxenye kuphendulwa umbuzo othi ingabe imbongi ifuna ukudlulisa muphi umyalezo kubafundi bale nkondlo? Abanye lokhu bakubiza ngesifundo kodwa kuyenzeka kungabi nasifundo kokushiwo yinkondlo nanxa ukhona umyalezo enkondlweni. Ngamanye amazwi kusengaba wukuthi nje kukhona okuthile imbongi efisa umfundi akwazi. Ngokwesibonelo nje enkondlweni ethi: **Nsizw' Endala** imbongi idlulisa umyalezo wokuthi ifisa ukuncoma eyakwenzelwa umzali wayo ngokuyikhulisa ngesandla esiqinile. Lokhu kwayenza yaba ngumuntu ebantwini.

Izifengqo

Izifengqo ziyabizwa futhi ngezithombemagama noma imifanekisomqondo. Lokhu kushiwo ngoba imbongi isuke isebenzise amagama athile akha izithombe ezithile engqondweni uma sifunda inkondlo. Izifengqo yizona zithako eziqavile ebunkondlweni. Yizo ezenza ulimi olusebenze enkondlweni kube ngulimi lobunkondlo olungafani nalolu olusetshenziswa nsuku zonke. Yingakho lolu limi lobunkondlo ludinga ukuba sibuye siluhluze ukuze inkondlo izwakale ukuthi ikhuluma ngani. Izifengqo zehluhlukene izinhlobo eziningana kodwa zonke ziwubufakazi bekhono lembongi ekucikozeni. Abanye bathi yizona 'ezingumphefumulo' wenkondlo.

Isifaniso
Imbongi isebenzisa isifaniso ngokuqhathanisa izinto ezimbili ezingafani kodwa ezinakho ukuhlobana ngezimpawu ezithile. Kuvame ukuba kusetshenziswe izakhi zokufaniso ezingo: njenga-, nganga-, kuhle kwa-, fana na-, njalo njalo. Imbongi eyiciko iyakugwema ukusebenzisa izifaniso ezingusandanezwe; kunalokho ikhetha lezo ezingavamile noma ezizoqhakambisa ikhono layo lokuqhathanisa nokuhlobanisa.

Siyasithola isibonelo sesifaniso enkondlweni ethi: **Mangizithobe**:
    Sengibukhali ngilolwe okommese

Isingathekiso
Nalapha imbongi isuke isaqhathanisa kodwa esikhundleni sokuthi okuthile kufana nokuthile, ivele ikubize ngalokho ekuqhathanisa noma ekufanisa nakho. Nalapha ubuciko bulele ekusebenziseni izingathekiso ezingavamile ukuze bucace ubuciko bayo. Siyakuthola lokhu enkondlweni ethi: **SinguZulu, SinguMageba**.

    Vukani mankonyane kaNdaba sekusile.

Kulo mugqa imbongi ibiza bonke abantu bakwaZulu ngamankonyane.

Isenzasamuntu

Lesi sifengqo sisebenza kakhulu ezinkondlweni cishe ukwedlula zonke izifengqo. Lapha imbongi isuke ithatha into engaphili noma engeyena umuntu iyinikeze amandla nezimpawu zomuntu. Isibonelo salokhu siyasithola enkondlweni ethi:

Ntombi Yase-UKZN

    Gqezu ntomb'enegqabho!
    Ntomb'enegqabho gqezu!
    Zal'abantu ziy'ebantwini!
    Ntombi yase-UKZN, unegqabho.

    Nongenankomo uyayinwampel'indwamba,
    Akukho ntombi yagan'inyamazane,
    Noseyishayile, akakayosi,
    Noseyosile, akakayidli,
    Oseyidlile, udle icala.

Lapha imbongi ithathe izinto ezingaphili yazinika amandla okwenzisa okomuntu njengokweshelwa kwentombi okwenzeka kumuntu kepha lapha yenze isikhungo semfundo ephakeme i-UKZN kwaba sengathi siyintombi ephilayo.

Ihaba

Lokhu ngukukhulisa noma ukunciphisa okuthile ngokwedlulele kube ngaphezu kwalokhu okuyikho ngokoqobo. Lokhu imbongi isuke ikwenza ngenhloso yokugcizelela iphuzu esuke ikhuluma ngalo. Siyakuthola lokhu enkondlweni ethi:

Mangizithobe

    Imvula yezinyembezi,

Imbongi lapha isebenzise isikhuliso sezinyembezi ngoba siyazi ukuthi noma umuntu angakhala kangakanani kepha ngeke izinyembezi zibe yimvula.

Uphawu

Kuyenzeka imbongi ide isebenzisa amagama athile agcine esewuphawu olumele okuthile. Imvamisa uma imbongi ide iphindaphinda okuthile ezinkondlweni zayo sigcina lokho sesikuthatha njengophawu. Kanti nasenkondlweni eyodwa nje singayithola imbongi isebenzisa amagama athile okuthi uma sesiwabheka sibone ukuthi asho okungale kwencazelo evamile. Nasi nje isibonelo enkondlweni ethi:

Nompucuzeko

Nokho <u>Nompucuzeko</u> ndini udlalile ngabantu.
Ubabhubhise ngokubahabulisa ngxube yimbe,
Lesi siqatha sididiyelwe namaganu,
Baphuze maqede bagenuka, baphupha,
Bavuke lapho bakhuluma izilimi zabezizwe,
<u>Nompucuzeko</u> uyisinengiso kuleli likaMthaniya.
Abantu abamnyama bazilibele.

Kule nkondlo impucuzeko iwuphawu lokuhlupheka ngoba impucuzeko kubantu ibonakala iletha usizi lodwa.

Ezinye izinhlobo zezifengqo

Zikhona nezinye izifengqo esingaphawulanga ngazo lapho. Singabala nje uteku lapho inkondlo isuke isikitaza khona. Kukhona nokwenzasasilwane lapho okungesona isilwane kunikwa izimpawu zesilwane. Kube khona nokuhloniphisa lapho imbongi isebenzisa amagama athambile esikhundleni sokuthi gakla amagama aqosheme. Ngisho nazo nje izimo zokukhuluma ezinjengezaga nezisho ziyangena ngaphansi kwezifengqo; kuye ngokuthi zisetshenziswe kanjani enkondlweni.

Isigqi, umoya wenkondlo nokusetshenziswa kwezimpawu zokuloba

Kunokuhlobana okukhulu phakathi kwesigqi, umoya wenkondlo kanye nezimpawu zokuloba ezisebenze enkondlweni. Konke lokhu kuncike kokunye. Isigqi ngukushesha noma ukunensa kwenkondlo lapho ihaywa noma ifundwa. Umoya wenkondlo yilokho esingakufanisa nomuzwa imbongi ezithola ikuwo lapho iqamba, ihaya noma ifunda leyo nkondlo. Izimpawu zokuloba eziba maphakathi noma ekugcineni kwemigqa yenkondlo, yizo kanye ezidala ukuthi isigqi senkondlo sisheshe noma sinense.

Uma uzolokhu uhlangana neziphumuzi ekugcineni kwemigqa yenkondlo (okuthiwa yimigqa evalekile), lokho kukuphoqa ukuba uyihaye/ uyifunde ngesigqi esinensayo. Kodwa uma imigqa ingenazimpawu zokuloba ekugcineni (okuthiwa ivulekile), lokho kwenza ukuyihaya noma ukuyifunda kugeleze, bese isigqi sayo kuthiwe siyashesha.

Ngaphandle kwezimpawu zokuloba okuyizona ezenza isigqi sisheshe noma sinense, isigqi sibuye sakhiwe ubude, ubufushane nenani lemigqa eyakha indima, noma ubungako bamalunga noma izinhlamvu zamagama asemgqeni, kanjalo nobukhulu bendima. Kuso isigqi singathola indikimba yenkondlo ngoba ngokuvamile, uma isigqi sishesha inkondlo isuke iphethe indikimba ejabulisayo, ehalalisayo noma ebongayo. Kanti uma isigqi sinensa inkondlo isuke iphethe indikimba edabukisayo, edangalisayo noma-ke nje indikimba ejulile ekhuluma ngezinto ezifana nothando, ukufa, ukubalisa, ukukhononda, njalonjalo.

Umoya wenkondlo uhambisana kakhulu nokuqukethwe yindikimba yenkondlo. Njengokuthi nje, uma inkondlo ikhuluma ngokufa, umoya wembongi uphansi, ayeneme ngoba ikhuluma ngento engemnandi futhi eyesabekayo. Uthi umoya wayo uphansi, nesigqi sibe singasheshi kodwa sinensa ngoba imbongi ikhathazekile ngalokho ekhuluma ngakho. Kodwa uma imbongi ingabheka ukufa njengeqhawe eligoba amashinga, iziqhwaga, abathakathi nezigebengu; isigqi singasithola sishesha ngoba ibheka indikimba yokufa njengeqhawe elihalalisayo ngamandla elinawo.

Kasiqaphele nokho ukuthi uma sikhuluma ngezimpawu zokuloba lapha kasikhulumi ngongqi, ukhefana, ukhefana-ngqi, isibabazo nombuzi. Kasikhulumi ngophawu lokweqiwa kukankamisa egameni, kasikhulumi ngekhongco futhi kasikhulumi ngabacaphuni.

Enkondlweni ethi **Ntombi Yase-UKZN** sithola le migqa:
> Noma ungatshikiza tshitshi,
> Ungibethele ikhwela ngomakhweyane,
> Siyodibana bukhoma
> Ethafeni kwangced'omhlophe
> Ntomb'emhlophe
> Okwezihlabathi zolwandle.

Iningi lemigqa yale ndima ivulekile ngoba kayinaluphawu lokuloba ekugcineni kwazise imbongi iyahalalisa. Umoya wembongi uphezulu, ijabule.

Ake sibheke manje isibonelo enkondlweni ethi:

Zidla Inkotha
> Ukhethekile – ushaya eyekhethelo,
> Uyishayela abakhethekile;
> Abayidla bentongela bengaphangi,

Beyidla nenhloko; amathamb' ekhanda,
Beyidla beshiyelana bentongela,
Bathi hlwi kabili kathathu,
Igazi lithi hlaka, lithi kla!
Qede bakhumbul' imilando emidala.

Iningi lemigqa kule ndima ivalekile futhi mide; okudala isigqi esinensayo
ngoba umoya wembongi ujulile ikhuluma ngokujiya nokunotha kolimi
lwesiZulu.

Izimpendulo Zemibuzo

Sengiphela Amandla: Nkosinathi Gumede
Izimpendulo

1. Kuluvindi, akusingeki, kunqundeka amehlo, ngiyampongoloza, utalagu, sengiphela amandla, ukuvendlezeka.

2. Sengathi inyosi isola abanye noma isimo esiyifake kule mpilo eyiphilayo. Isola nomhlaba kumbe indawo ephila kuyo. Ukugqolozela kwayo isithabathaba esingenamkhawulo akuyisizi ngalutho. Ephila nabo abayisizi ngalutho njengoba impongoloza kucwebe iziziba nje. Ikhala ize izithulise. Lokho kuchaza ukuthi akekho oyinakayo. Ifisa ukuphila yodwa lapho ingeke iphazanyiswe muntu khona. Ukucophelela kusho ukuthi kungcono uma amaphutha evela kuyona hhayi ngaphandle. Indawo ephephile engenamaphutha isekufeni. Kungenzeka ukuthi inyosi incamela ukufa kunokuphila ngamaphutha abanye.

3. Ukubuka emuva sakuntshontsha noma ngokwesaba. Ukuthi janti.

4. Ngigqolozele, ngihubha > imvumelwano siqalo eningi ngu 'ngi'. Lokhu kuchaza ukuthi kuningi akusho ngaye uqobo. Ukwehlukana kweziqu zamagama anemvumelwano kukhombisa ukuthi imbongi ingena ezimweni ezahlukahlekene. Le mvumelwano igcizelela usizi lwakhe.

5. Ukwenza into engeke ikufikise ndawo. Ukuphuthuma into ongeke uyifice. Utalagu aluficeki futhi alubambeki.

Izigi ze-UKZN: Thandanani Mabaso
Izimpendulo

1. Uyintabamlilo, ungumqobi wamaqatha, uyicilongo, uyinhlamvu yelanga, isiphengqengqe.

2. Intabamlilo indawo okungasondeli noma ubani kuyo ngoba iyingozi. Intabamlilo inamandla angalawuleki. Lokhu kuchaza ukuthi ayiqondakali kahle i-UKZN futhi iyingozi. Umqobi wamaqatha umuntu okwazi ukwabela abanye baphile. Amaqatha ayasuthisa. Ukuba yicilongo kusho ukwazi ukudlulisa umyalezo uwusabalalise nasezindaweni ezikude. Icilongo alinamkhawulo, likhala kuzwe wonke umuntu kuze kuzwe ngisho izitha. I-UKZN ayinamona isabalalisa ulwazi kuwona wonke umuntu. Ukuba inhlamvu yelanga kusho ukuqala kokukhanya. I-UKZN ingumthombo wokukhanya. Isiphengqengqe sisho ukuphila ukwazi ukugijima ungakhathali. I-UKZN inejubane futhi ayikhathali.
3. Olwegwalagwala uphaphe. Lolu phaphe luchonywa amaqhawe avelele. Kusho ukuthi inyosi iyibona iyiqhawe elivelele i-UKZN.
4. Badla basuthisa okwentwala.
5. Amabutho, hlomisa, wayiphaka, galela, ezimpondweni, enkabeni.

Lunjalo Uthando: Fikile Majola
Izimpendulo
1. Uthando.
2. Kuthangi nayizolo bengikuthanda, uphuma langa sikothe, indoni yamanzi, lunjalo uthando.
3. Kuthathu; uthando, iso libuke, muhle. Kukho konke lokhu kuxhumana kugcizelelwa uthando. Iso libuka lingadeli. Bonke bahle kule nsizwa.
4. Isigqebhezane, umapakisha, ilamba lidlile, indoni yamanzi, uthathawe, isishodolwane.
5. Uthando lwamanga. Indoda ayeneliswa. Kuqhamuka izinhlobo eziningi zezintombi ithatheke. Inalo uthando kepha luntekenteke ngenxa yeso elibona izinhlobonhlobo zezintombi lizibuke. Lokho kuthatheka kusho ukungabi nalo uthando lweqiniso.

Ngingubani, Wakwabani?: Simphiwe Kunene
Izimpendulo

1. Umoya wosizi nokungabaza. "Maye!", "Yini le?", "Angazi kwazi uMdali", "Usana lwembethe ucwazi", "Umgqomo uphenduka iliba", "Ngwa!"

2. Isithombe sento eyinqwaba engahlelekile. Isithombe sento ephansi. Isithombe sento elahliwe engenamsebenzi walutho.

3. Ukwenzasamuntu.

4. Ukuxhumana-siqalo; igama "ziningi", emgqeni we-13 nowe-14.
   <u>Ziningi</u> izinhlobo zezibi,
   <u>Ziningi</u> zitholwa emgqonyeni.
   Ukuxhumana-maphakathi; igama "iminyaka" emgqeni wama-27 nowama-28.
   Igijime <u>iminyaka</u> aphile,
   Yedlule <u>iminyaka</u> ephila.
   Ukuxhumana sigcino; igama "lukhona" emgqeni wama-25 nowama-26.
   Zihambe izinsuku <u>lukhona</u>,
   Agijime amasonto <u>lukhona</u>,

5. Ukukhula mawala noma ngokushesha.

Nsizw' Endala: Tholakele Gasa
Izimpendulo

1. Yebo. Zonke izitanza zikhuluma ngale nsizwa endala. Esitanzeni sokuqala kukhulunywa ngensizwa endala. Esitanzeni sesibili kukhulunywa ngekhehla. Esitanzeni sesithathu kukhulunywa ngempunga. Ezitanzeni ezilandelayo kukhulunywa ngekhehla.

2. Kumele sibabonge abazali abasikhulisile.

3. Ihaba.

4. Ukubukela kude, ungazihlanganisi nokwenziwayo.

5. Cha. Leli khehla kuthiwa alakhe umkhanya libuke ezinkalweni. Khona lapho kuthiwa alibuke ukutshakadula kwesithodlana. Kuyaphambana lokhu nencazelo yokwakha umkhanya.

Nompucuzeko: Lungani Ngubane
Izimpendulo
1. Nompucuzeko ndini udlalile ngabantu, sesiphenduke abelungu abamnyama, kuthi mangimpongoloze, bengingubani-ke mina.
2. Imbongi ikhuluma sakubhuqa. Igcizelela lobu buphansi eyibo. Iyayihlobisa inkondlo. Ibuza umbuzombumbulu.
3. Kubatshazwa amandla akhe. Ungumnikazi noma unina wempucuzeko.
4. Imintshingo ikhininde izindaba zemfundo.
5. Igcizelela ububi bukaNompucuzeko. Ifuna kuze kugxile ezindlebeni zethu ukuthi uNompucuzeko udlalile ngabantu. Ihlobisa inkondlo.

Sithandwa Sezikhuthali: Halalisile Mpanza
Izimpendulo
1. Ingqondo ecindezelekile.
2. Ukukhipha
3. Impande, iphango, igatsha, umpheme, esimanzonzo, ngintongele
4. Ukubhema ugwayi
5. Imfundo

Sibani Sami Sokuphila: Xolani Ngcobo
Izimpendulo
1. Ubona izwe nobuhle balo, useyakwazi ukuqhatha izinhlamvu, uyaviliyela, uthwele iminyezane, uyaqholosha, uhlobe ngolwazi.
2. Ukukhuluma kakhulu nakalula isiNgisi.
3. Amakhehla amadala asehamba kancane.

4. Isikole; imfundo.
5. Yembuleka inkungu, lafundeka igama, wathwala iminyezane, sengiveteza kuhle kwamaNgisi.

Luhlobile Mageba: Eric Majola
Izimpendulo
1. Luhlobile Mageba. Ukuhloba ukuvunula noma ukugqoka kahle uphelele. Oluhlobile ulimi. UMageba umele uZulu. Ulimi lwesiZulu lolu oluhlobile. Lunakho konke ngoba lunezithako ezingadingi ukuba abaninilo bathekele.
2. Isifanakalo ulimi lwesiZulu oluhlanganiswe nezinye izilimi, ikakhulukazi isiLungu.
3. Usikhwili phambana nobhoko umuntu owehlukayo kwabanye. Uphambana nohlelo.
4. Iyayihlobisa inkondlo. Iyagcizelela. Iveza umehluko phakathi kwamagama ulozolo, vutshwa, nona, fukamela.
5. Isingathekiso.

Kwaze Kwanzima!: Gugu Dlamini
Izimpendulo
1. Imfundo isingenwe umbusazwe (ipolitiki). Imbongi ikhala ngokuxabana kwabafundi besho okwahlukene. Isola sengathi abalwela inkululeko babengalweli lokhu osekwenzeka. Ibona sengathi balwela ubala (yeka amandla esambane). Imbongi ayikholelwa emfundweni yamahhala. UHulumeni akanamali njengoba ekhala engashayiwe nje.
2. Iqonde ukwehlukahlukana kwemibono. Leli gama 'babodwa' liqonde abanye.
3. Abaholi bakusasa intsha yanamhlanje. Inkunzi ikhethwa phakathi kwamathole. Ikhethwa isencane.

4. Isambane simba ugodi singalali kuwo. Umuntu osebenzela emuva kuthiwa kuye 'yeka amandla esambane!
5. UHulumeni akanamali, uyahlupheka.

Mangizithobe: Nomonde Jele
Izimpendulo
1. (a) Ukwethweswa iminyezane.
   (b) Ukuphakamisa abantu abaMnyama ngamathuba okuziphilisa.
2. (a) Ukuxhumana-siqalo: imigqa 2 & 3:
   <u>Izithelo</u> zosizi nokubekezela,
   <u>Izithelo</u> zomunyu nenhlupheko,
   (b) Imvumelwano-siqalo: imigqa 7 kuya ku-10
   <u>Se</u>ngiphumelel' ukufez' ezeminyak' izifiso,
   <u>Se</u>nginqwanjisw' umnqwambo oqavile,
   <u>Se</u>ngiyikazel' iminyezane yakomfundo,
   <u>Se</u>ngibukhali ngilolwe okommese,
   (c) Izifengqo:
      (i) Ihaba: umugqa woku-1: ukuqhilika kwezithelo, umugqa wesi-5: imvula yezinyembezi
      (ii) isifaniso: umugqa we-10: Sengibukhali ngilolwe okommese

Zidla Inkotha: Sanele Zondi
Izimpendulo
1. <u>Zi</u>cijana ngenjobo ethungelwa ebandla,
   <u>Zi</u>buzana ngothingo olugotshwa lusemanzi
2. (a) Akummango ungenaliba.
   (b) Indaba inendodana, uyise kanacala
3. (a) Iliba – ithuna
   (b) Ummango – ukhalo
   (c) Ingonyama – ibhubesi/isilo

(d) Udiyo – ukhamba

(e) Izinyandezulu – amadlozi/amathongo/izidalwa

4. (a) hlwi

(b) kla/hlaka

Ngicabiseni Imvomve Zinyandezulu: Sfiso Mkhize
Izimpendulo

1. (a) Isifaniso:

Okwensengwakazi ngibhonse ngishiswa ugqozi,

Okwenkunz' emakhenkenene ngibhonge ngihay' inkondlo,

(b) Isenzasamuntu – La bucinanis' ubumnyama bokudungeka kwengqondo

(c) Imvumelwano-siqalo

Ngigogode kolukaMageba,

Ngigwaqazise nasemshungwini wezifundiswa.

(d) Ifanamsindo – Nize ningihlahlamelise zinyandezulu kokukaZulu,

(e) Ihaba – Ngembulen' ufasimba lwenkung' engedusayo

2. Ukuxhumana-siqalo:

Angimelene nampucuzeko namfundo,

Ngimelene nemfundiso ze

3. – Ngimelene nemfundiso ze

– Ngiqonde ukuba ubufundiswa besifundiswa

4. (a) Angiphikisani nampucuzeko namfundo.

(b) La ubumnyama bemboza ingqondo

Zithibelene Kuleya Nkundla: Siphamandla Mathaba
Izimpendulo

1. (a) Umugqa wesi-3 nowesi-4: Imvumelwano-siqalo u zi:

Zicije zonke zibheje ulaka zihlaba usentu,

Zithelwe ngezibonkolo zachelwa ngentelezi,

109

(b) Umugqa we-10 kuya kowe-12: imvumelwano-maphakathi u-zi:
Kazi uzozilamula kanjani <u>zi</u>zimbeva zinje?
Uyazilamula ezinye <u>zi</u>yamkhaba zibuya naye uthuli,
Ziyamthimulela ziyamjijimeza <u>zi</u>linga ukumthwala ngophondo,

(c) Umugqa we-10 nowe-11: ukuxhumana okutshekile:
Kazi <u>uzozilamula</u> kanjani zizimbeva zinje?
<u>Uyazilamula</u> ezinye ziyamkhaba zibuya naye uthuli

(d) Umugqa we-15 nowe-16: ukuxhumana-siqalo:
<u>Baleka</u> uphinde ubaleke njengebizo lakho,
<u>Baleka</u> umbethe ungephike nelanga!

2. Le nkondlo ikhuluma ngosopolitiki baseNingizimu Afrika, abangamaqembu ahlukene okuthi besePhalamende, bakhethwa abantu, bafike balibale ukulwa, bethukana, beklwebhana, bephikisana bengasalawuleki; bagcine sebekhohlwe nayizifungo zabo abazenza zokusebenzela abantu ngokwethembeka. Bagcine sebekhohlwe ngisho nokusebenza ukuze baqede inhlupheko kubantu.

Izibuko: Siyabonga Nxumalo
Izimpendulo
1. (a) Ukuhlangana ningabathile kukhona enikhuluma ngakho.
   (b) Ukuguqa ukhuleke.
   (c) Ukwenza into ungayeki.
   (d) Ukungiphumelelisa.
   (e) Uhambo luya eMpumalanga.
2. (a) UNkulunkulu/uMdali
   (b) Umzali okhulumayo, ebhekise enganeni yakhe.
      Umugqa we-14 nowe-19:
      Uphikelele, uzikhandle mntanami,
      Zimbandakanye nokulunga mntanami.
3. Amehlo.

Ungwengwe: Mbongeni Nzimande
Izimpendulo

1. (a) Umi akanyakazi.
   (b) Sihlale sikhona enxiweni, asixoshwa muntu ngoba kusuke sekwathuthwa.
   (c) – Amehlo agqoke indlala,
       – Ubuso bembethe imicabango.
   (d) Yingoba umhlabelo ohlatshelwe lona alibonakali lifika lizowudla, kodwa kukholakala ukuthi liwudlile uma inyama leyo yosiwe, yaphekwa, yalaliswa emsamo.
   (e) Kuchaza ukuthi lo muntu olokhu emi emgwaqeni ecela imali, kumele aphindele ekhaya la azalwa khona, ayeke ukuphila impilo yokunxiba.

2. Isakhiwo Sangaphandle:
   (a) Izindima zilishumi
   (b) Imigqa yayo icishe ilingane ezindimeni; iningi lazo linemigqa eyisi-6, eminye emi-5 kanti eyokugcina iyisi-7.
   (c) Iningi lemigqa ivalekile bese kuba naleyo embalwa nje evulekile.
   (d) Imigqa yayo ayimide kodwa ngenxa yokuvaleka kwayo, kwenza isigqi sale nkondlo sinense.
   (e) Imigqa inakho ukunikezelana kahle, kuyezwakala ukuthi ikhuluma ngendikimba eyodwa.

Bawudunga Ngabomu: Siboniso Mdletshe
Izimpendulo

1. Umthombo wokwazi ulimi/umthombo wempilo yomuntu omnyama. Imbongi ibona abantu sebephila impilo yobululwane futhi ababoni lutho olungalungile kulokho; konke bekwenza ngoba bephike nempucuzeko. Imbongi ize ithi: 'Amalulwane ayansinsitheka, ayasineka' (umugqa wama-39). Okudala okwakungamagugu

esizwe sebekubukela phansi. Amabutho ayephila emandulo, uma kungathiwa ayavuka namhlanje, asengahluleka ukuphila le mpilo esiphilwa manje. Yingakho umbhali elokhu ebuzile ukuthi:

'Lusengawuphuza nje uFasimba?' (Indima 3),

'Isengawuphuza nje iNdlavini?' (Indima 5),

'Lusengawuphuza nje uThulwane?' (Indima 7), njalonjalo.

2. Impindwa ukuphindwaphindwa kwemigqa ethile okungaba sekuqaleni, maphakathi noma ekugcineni kwenkondlo. Ikhona impindwa kule nkondlo. Itholakala ezindimeni: 3, 5, 7, 9, 11, 13, 15 neye-17.

3. Ibutho.

Izinyembezi Zomzali: Bongeka Langa
Izimpendulo

1. Ziyi-12 izindima zale nkondlo. Indima ngayinye inemigqa emi-5. Imigqa ayimide kakhulu kodwa iningi layo livalekile.

2. Imbongi ibalisa ngesililo esikhalwa ngabazali abakhulise izingane zabo ngoba benethemba lekusasa elihle, kanti konke kuzophelela ezeni.

3. (a) Indima: 7- inkunzi isematholeni.

   (b) Indima: ukuyothenga ilala.

Yahosh' Imamba: Aaron Maphumulo
Izimpendulo

1. Le nkondlo ikhuluma ngomfula uThukela, ilufanisa nemamba ngenxa yobude nokuhamba kwalo.

   Umugqa wesi-6: 'UThukela nanto luyeza luyathululeka.'

   Umugqa wesi-7 kuya kowesi-9:

   'UThukela luyathukuluka lwehla ngohologo,

   UThukela luyathombuluka luyasombuluka.

   Luyangenisa, ludl' izindwani, lugol' izintethe,'

Umugqa we-18 kuya kowama-21:
'UThukela lwethukile lugwinya kwasani
UThukela lugwinya kwanyamazane,
UThukela lumimilita kwamhlwazimamba,
Lugwiny' uMtshezi kwagcwala neWembezi,'

Umugqa wama-51 kuya kowama-54:
'Ngaphansi kwengangamel' iJohn Ross
Lwazitshobelel' uThukela lwansondo,
Luyozilahl' olwandlekazi lwaKwaZulu.
Nkanyamb' ukhukhule kwamuntu, kwasilwane;'

2. (a) Ukugcwala
   (b) Ukugijima
   (c) Ukugadla

3. Umugqa wama-26 kuya kowama-28: ukuxhumana okusekuqaleni
   <u>Yahosh</u>'imamba yezihlungu,
   <u>Yahosh</u>'imamb' ehlul' izibiba,
   <u>Yahosh</u>' imamba yanyaliza yanqaphaza.

Mbali Yezimanga: Musawenkosi Jokana
Izimpendulo

1. Ikhuluma ngentokazi eyayizithanda, iyinhle, ikhanga nakwabanye
   abantu; injalo nje ithanda nokubukwa. Indima 1, imigqa 1 no-2, 5
   kuya ku-7:
   'Waqhakaza ngemibala ekhanyayo,
   Wadons' amehlo abahehekayo,'
   Abawuvali umlomo abakubonile,
   Awuconsi phansi kwabakubonile.
   Waqhakaza ngokuzidla Nontandakubukwa'

Imbongi iqhubeka ithi le ntokazi ihambe zonke izindawo ebithanda ukuhamba kuzo, yathanda impilo yobukhazikhazi. Yathanda izinto zesikhashana, yakhohlwa okwengunaphakade. Igcine isigula, kwaphela ubuhle, yazaca nasemzimbeni, nabebeyithanda sebehambela kude nayo. Ingasenabangani, isiyinto engelutho isifana nembali ebunile. Umugqa we-17 nowe-18 kanye nomugqa wama-23 nowama-24:

Lapho liphuma ilanga liziphonsa kuwe,
Likuxhawule ngemisebe enemfudumalo,
'Uma seliyozilahla kunina alikulibali,
Likugeza ube yisiphalaphala.'

Umugqa wama-35 kuya kowama-38:
'Ubukhazikhazi balutha ingqondo yakho,
Ubutatata bashabalalisa amaphupho akho,
Okwesikhashana kwaba ligugu kuwe,
Okwaphakade awakugqiza qakala,'

2. (a) Endimeni 5: ukuxhumana okumaphakathi.
Wangena <u>kumele</u> uphume,
Waphuma <u>kumele</u> ungene.

(b) Endimeni 4: inzwa yokuhogela
Bakhangwa ukuthaphuka kwamakha,

(c) Endimeni yesi-7: isisho
Bakuhleka usulu/ Usungangabasemehlweni,/ kwembulwa kwembeswa/ Usungumgodi onganukwa nja.

Kufa Kungani Ungafi?: Busie Maphumulo
Izimpendulo

1. (a) Imvumelwano maphakathi
Umugqa wesi-2 nowesi-3

Ukuba <u>be</u>wufa, abeyobe aphume nobovu,
Izidalwa <u>be</u>ziyotshakadula njengamathole,

(b) Imvumelwano sigcino
Umugqa wesi-7 nowesi-8
Imindeni yahlomelana endl<u>ini</u>,
Abagulelwayo ubenze bahlalel' ovalw<u>eni</u>,

(c) Umugqa wesi-3
Izidalwa beziyotshakadula njengamathole.

2. (a) Kusho ukuhlangana komndeni uzobabaza isehlakalo sokushona kwesihlobo noma ilunga lomndeni.

(b) Kushiwo uma umuntu esegula kakhulu sekubongwa kusile.

3. Umugqa we-13 nowe-14
Udedangendlale womhlaba wawokhokho
Ulele izinkedama zakho kufa.

4. Le nkondlo iyi-eleji ngoba ikhuluma ngokufa.

SinguZulu, SinguMageba: Sipho Mbatha
Izimpendulo

1. – Inzwa yokubona : Vukani sigiye . . . .
   – Inzwa yokunambitha : Vukani siphuz'ubulawu . . . .
   – Inzwa yokuzwa/yokulalela : Ngihlab'inhlabamkhosi . . . .
   – Inzwa yokuthinta : Wagadla nasenkundleni . . . .

2. (a) Isingathekiso
   (b) Isifaniso
   (c) Ukwenzasasilwane

3. Vukani siphuz'ubulawu, siphalaz'izimfundisoze.

Idamukile Inkungu: Khulekani Dlamini
Izimpendulo

1. (a) Le nkondlo ikhuluma ngomfundi ofunda esikhungweni semfundo ephakeme obekhohlisa unina ngokuthi uxakekile

eNyuvesi ngenxa yomsebenzi omningi. Uyabalisa ngesikhathi esichithekile elibele abangani, utshwala, ubumnandi namadoda. Uyazisola ngokuthi akaziphathanga njengoba bekulindelekile kodwa uyaxolisa kumzali ngazo zonke izinto ezimbi azenzile. Ekugcineni uyaveza ukuthi kumele unina angalindeli iziqu ayeziyele eNyuvesi ngoba usezele usebuya nezingane.

(b) Le nkondlo inawo umoya wosizi nokuzisola ukuthi akenzanga kahle, ekugcineni isize yadamuka inkungu useyabona ukuthi usichithile isikhathi sakhe ngendlela engafanele.

(c) Isigqi siyacothoza ngoba imigqa eminingi ivalekile.

2. (a) Ukulala ungalele ngoba usaba ukuthi ungehlelwa okubi.

(b) Ukuba sobishini kusho ukuba senkingeni.

Ngambona eGroutville: Xolani Nxumalo
Izimpendulo

1. Esigabeni sokuqala kuvela ukuthi uMadlanduna ungumsinsi wokuzimilela eGroutville, futhi wayengumuntu onesizotha nozithobile. Kwesesibili kuvela ukuxhumana kwakhe nabanye abaholi abanohlonze. Kwesesithathu kuvela ukuthi udumo lukaLuthuli lwaye lwezwakala naphesheya kwezilwandle. Kwesesine indlela ayekhuthele ngayo uMshibe neyaze yamenza waqheliswa. Kwesokugcina sibona imbongi ibabaza ukuphikelela kwakhe noma eseboshiwe bethi bamvala umlomo kodwa wadlubulundela.

2. (a) Kusho ukukhulekela abanye abantu.

(b) Kusho ukubonisana nabanye abantu ngenhloso yokuthola imibono yabo.

(c) Kusho ukwenza izinto ngenkani.

3. Nanguya kwelamaNoki eyoqheliswa ngeyokuthula.

Dlozi lami, Wenqabe: Bhekani Thabethe
Izimpendulo

1. (a) Ubumayemaye
   (b) Lapho <u>se</u>kuququdwe, kwakhwifwa,
       Lapho <u>se</u>kugovuzwe, kwancindwa, kwakhafulwa;
   (c) <u>Lapho</u> izintelezi zichelwa ungochelwa,
       <u>Lapho</u> amanzi amnyama ephehlisisiwe,
   (d) Dlozi <u>lami</u> ungavumi,
       Dlozi <u>lami</u> wenqabe.
2. Siyacothoza. Ngoba imigqa eminingi yale nkondlo ivalekile.
3. <u>Z</u>iloliwe, <u>z</u>ibenyezela kuwububenyebenye
4. Ziloliwe, zibenyezela kuwububenyebenye.

Itshe Lesikhumbuzo: Mhlabuthini Hlengwa
Izimpendulo

1. (a) Imvumelwano siqalo:
       <u>Si</u>zoshunqis' impepho yegqabho lokuziqhayisa,
       <u>Si</u>phawul' amaguq' azohlab' usentu
   (b) Ukuxhumana okutshekile:
       Esiqabethweni se<u>zizukulwane</u>,
       I<u>zizukulwane</u> ziphis' intundabebhekene.
   (c) Ukuhlaba usentu
2. Siyacothoza ngoba imigqa eminingi ivalekile.
3. Siphawul' amaguq' azohlab' usentu
4. (a) Ifanangwaqa -th-
   (b) Ifanankamisa -a-   no -i-

Amajuba: Sipho Nene
Izimpendulo

1. (a) Kusho ukusengela emlonyeni.

(b) Kusho ukumunca amanzi embali yenhlaba anoshukela.

(c) Kusho ukukhululwa kwemfuyo emadlelweni.

(d) Imibala enhlobonhlobo evama ukubonakala esibhakabhakeni emva kokuna kwezulu.

(e) Isenzukuthi esisetshenziswa ukuchaza ukuthi into iboshwe yaqiniswa.

2. Umugqa we-14 nowe-15
   <u>Si</u>yokha amahlamvu omkhiwane,
   <u>Si</u>fole uvovo kwangced' omhlophe,

3. (a) Juba lenhliziyo

   (b) Njengekhwezi / njengothingo lwenkosazane

Ntombi Yase-UKZN: A.T. Ndlovu

Izimpendulo

1. (a) Umugqa wesithathu – ifanankamisa
      Zal'abantu ziy'ebantwini.   (bheka nakweminye imigqa)

   (b) Ukuxhumana okutshekile:
      Umugqa woku-1 nowesi-2
      <u>Gq</u>ezu ntomb'ene<u>gq</u>abho!
      Ntomb'ene<u>gq</u>abho <u>gq</u>ezu!
           noma
      Umugqa wesi-7 nowesi-8
      Noseyishayile, akaka<u>yo</u>si,
      Nose<u>yo</u>sile, akakayidli,

2. Uqonde ukuthi ufisa ukufunda aze aphothule athole ijazi elibomvu leziqu zobudokotela, nasendlini yakwabo bajabule.

3. Zimbili izifengqo ezakhe le nkondlo

   (a) Isingathekiso
      Ngoba isikhungo semfundo ephakeme usibiza ngentombi ene<u>gq</u>abho.

(b) Isenzasamuntu

Ngoba isikhungo asiyena umuntu kodwa imbongi ikhuluma naso sengathi ikhuluma nomuntu.

4. Umthovothi igama elichaza umthambo omkhulu osuka enhliziyweni.

Kwenzenjani?: Nombeko Magubane
Izimpendulo

1. (a) Imvumelwano siqalo
       Y̲asabalala ingqondo yami,
       Y̲ajubalala imicabango yami,

   (b) Ukuxhumana sigcino
       Yasabalala ingqondo y̲ami̲,
       Yajubalala imicabango y̲ami̲,

   (c) Isenzukuthi
       Pho, pho, pho

   (d) Impindamqondo
       Yasabalala ingqondo yami,
       Yajubalala imicabango yami

2. (a) Usuke esethukuthele kakhulu.

   (b) Usuke ebahlula abanye ngokwenza izinto.

   (c) Usuke enza izinto ezimangaza abantu, baxakeke ukuthi uphumelela kanjani yena yedwa.

3. (a) USipho akahlalwa mpukane uyiqhathanzipho impela.

   (b) Amahlongandlebe azoyisutha induku namuhla ngoba awezwa.

Iziyalo Zikamama: Nompilo Mnyandu
Izimpendulo

1. – Ukuphanga umdaka
   – Ukugadla uphindelela
   – Ukukhala esakhe

2. – Hamba juba bayokuchutha phambili.
   – Ihlonipha nalapho ingeyukwendela khona.
3. Le nkondlo ikhuluma ngokubaluleka kokukhulisa kahle umuntwana, umqaphelise ngezinkinga ezingahle zimehlele empilweni. Imbongi iqwashisa abaphanga umdaka ukuthi umvuzo wakhona ukufa. Ugcina ngokutusa umzali owakwazi ukuqinisa isitilobho ngoba lokho kwaqhakazisa ikusasa lakhe.
4. (a) Ongazele <u>ukhala</u> esobunyumba,
       Ozele <u>ukhala</u> esokufelwa;
   (b) Mihla namalanga <u>kuyambiwa</u>
       <u>Kumbelwa</u> intsha yase-Afrika.

Izincwadi Ezifundiwe

Dlamini, S. 2011. *Isikhwebu*. Randburg: Vivlia.

Hlongwane, JB.1995. *Amava Ohlanga*. Pietermaritzburg: Reach Out.

Makhanya, LPM. 2012. *Izinkwazi ZoThukela*. Pietermaritzburg: Shuter & Shooter.

Maphumulo, AM. 1993. *Unqambothi*. Cape Town: Oxford University Press.

Mbatha, MO. 2006. *Isichazamazwi SesiZulu*. Pietermaritzburg: New Dawn Publishers.

Msimang, CT. 1995. *Izintaba ZoKhahlamba*. Pretoria: JL van Schaik.

Ntuli, D.B.Z. 1984. *The Poetry of BW Vilakazi*. Pretoria: JL van Schaik.

Ntuli, NS. 1993. *Usinga 3*. Cape Town: Out of Africa.

Sibiya, NG. 2014. *Amadlingozi*. Pretoria: Unisa Press.

———. 2017. *Ubuhanguhangu*. Pietermaritzburg: Shuter & Shooter.